写真アルバム

# 伊勢志摩の100年

巻頭口絵◆

# カラー写真で見る
# 伊勢志摩の彩り

**神都線外宮前駅**　三重交通神都線（昭和36年廃線）のモ541号とモ590号。同線の末期には、伊勢神宮の外宮から内宮まで「バスで8分、電車で15分」（『鉄道ピクトリアル』128号）と言われたようだ。バスに比べると遠回りなうえ、走行速度が遅かった。三重交通は平成25年から、この電車を模した「神都バス」を伊勢神宮周辺で運行している。〈伊勢市本町・昭和34年・撮影＝奥井宗夫氏〉

**第61回式年遷宮・外宮への奉曳車《ほうえいしゃ》曳き込み**　宮町奉曳団の奉曳車が曲がり角に差し掛かっているようす。御用材の上に乗る木遣り子の合図で、団員たちが綱を一気に曳く。約500年前からお木曳に奉仕している由緒ある奉曳団である。〈伊勢市宮町・昭和61年頃・提供＝牧戸和男氏〉

**第61回式年遷宮・第二年次お木曳のご視察**　昭和62年5月30日、伊勢神宮をご訪問した浩宮徳仁親王（今上天皇）が、曽祢町奉曳車の綱に手をかけて曳かれているようす。左隣は慶光院俊大宮司、その左は幡掛正浩少宮司、右隣の法被姿は村田仙右衛門奉曳団連合会総委員長、その右は水谷光男伊勢市長。場所は、外宮北御門《きたみかど》近くにあるNTT横の駐車場。沿道を埋めつくした市民や観光客から盛んな拍手が送られたという。〈伊勢市一志町・昭和62年・提供＝伊勢市〉

**初穂曳《はつほびき》・川曳《かわびき》**　宇治橋の下で内宮領川曳が行われている。初穂曳は伊勢神宮の式年遷宮における「お木曳」と「お白石持」行事の伝統継承と、新穀奉献を目的として昭和47年から始まった。開始当初から約10年間、初穂曳の川曳は宇治４カ町と二軒茶屋奉曳団によって執り行われていた。〈伊勢市宇治館町・昭和50年・提供＝林喜久郎氏〉

**第2回目初穂曳**　10月15日、外宮領陸曳《おかびき》が伊勢市駅前を通過しているところ。奥に見えるのは昭和44年に開店した三交ショッピングセンター（三交百貨店）。今も駅前にある小がわビルから撮影している。〈伊勢市吹上・昭和48年・提供＝小川和美氏〉

**撤去直前の伊勢大鳥居**　かつて伊勢市駅前には松下幸之助により寄贈された鉄筋コンクリート造りの大鳥居があった。昭和31年からの駅前のシンボルであったが、県道拡張工事により同63年に撤去された。写真は当時の三交百貨店付近から撮影したものである。〈伊勢市本町・昭和63年・提供＝古田儀之氏〉

**ジャスコ伊勢店**　外宮参道を挟んで左がジャスコ A 館、右が B 館。A 館は昭和41年にオカダヤとして開店。B 館は同48年に開店し、5階に両館を繋ぐ連絡通路があった。B 館開店当初は三重県最大面積を誇る大型店だった。〈伊勢市本町・昭和後期・提供＝井上博暁氏〉

**明倫商店街の明倫チャリティまつり**
明倫商店街が主催し、マエダカメラなどが後援となってさまざまなイベントや募金を行った。メインは餅つき大会。商店街にまだまだ活気のあった頃の貴重な一枚だ。〈伊勢市岩渕・平成初期・提供＝樋口京氏〉

**売り出し中の銀座新道商店街**　伊勢市最大級の商店街。昭和37年に全長約300メートルに及ぶ県下最初の大アーケードが設置された。道のカラー舗装も同42年に完成している。現在の通称はしんみち商店街。〈伊勢市一之木・昭和45年・提供＝伊勢市〉

**河崎の町並み**　中橋を背にして東方向を向いている。河崎地区は、江戸時代に勢田川の水運を生かして発展した問屋街で、今も古い蔵が点在している。昭和49年7月7日、台風8号の集中豪雨（七夕水害）により多くの家屋が浸水し、甚大な被害が出た。これを契機に勢田川の拡幅が計画され、写真の横断歩道より手前にある勢田川沿いの家屋は撤去された。道路左に見える松本薬局は、建て替えられて現在も同じ場所にある。右側はそばとうどんの末吉屋、移転する前の店舗である。〈伊勢市河崎・昭和51年・提供＝阿竹悌一氏〉

**山田赤十字病院の正面玄関**　同病院の設立は明治37年で、日本赤十字社三重支部山田病院として、四郷村楠部に開院した。大正15年6月に御薗村高向に写真の建物を新築して移転した。鉄筋コンクリート造二階建ての幾何学的なデザインを取り入れた建築であったが、他の病棟の老朽化や狭隘化もあり、平成24年に船江の現在地に移転。病院名も伊勢赤十字病院に改称した。〈伊勢市御薗町高向・昭和42～43年頃・提供＝水﨑恒治氏〉

**旧東洋紡績伊勢工場**　取り壊す前に一般公開された時の写真である。大正11年に創業を開始した東洋紡績山田工場は、伊勢で初めての近代的な大工場で、最大2,000人を超える従業員が働いていた。昭和47年に伊勢工場に改称。工場敷地内には準看護学校や工員の教育施設もあった。平成11年に閉鎖され、跡地には伊勢赤十字病院やミタス伊勢などが建つ。〈伊勢市船江・平成13年・提供＝水﨑恒治氏〉

**廃墟となったパール劇場**　昭和20年代後半に開館した映画館。映画全盛期の同30～40年代には、同じ一之木町に帝国座やひかり座、いすず東映など多くの映画館が軒を連ねていた。平成2年頃に閉館したパール劇場の建物はそのまま残され長らく廃墟となっていたが、平成中頃に取り壊された。〈伊勢市一之木・平成中期頃・提供＝中川正氏〉

**建設中の伊勢戦国時代村**　織田信長、豊臣秀吉、徳川家康の三英傑の時代を中心に、当時の戦いや文化、風俗を再現したテーマパークで、平成５年４月末に開園した。中央に見える建造物は、天守閣を再現した織田信長の安土城。のちに伊勢安土桃山文化村に改称、現在は「ともいきの国伊勢忍者キングダム」の名称となっている。〈伊勢市二見町・平成５年・提供＝清水浩行氏〉

**伊勢えび祭**　浜島町で昭和36年に始まった祭りで、伊勢エビなどの水産資源に感謝し、その年の大漁と町民の安全・繁栄を祝う。開始当初はエビの跳ねているようすに見えることから６月６日（66）に開催されていた。写真は、御神体としたジャンボ伊勢エビを海女たちが担いでいるところ。〈志摩市浜島町浜島・昭和46年・提供＝柴原千歳氏〉

**伊雑宮《いざわのみや》御《お》田《た》植式《うえしき》**　伊勢神宮の別宮である伊雑宮で毎年6月24日に行われる御田植神事。早乙女による御田植や「竹取神事」などが見所で、「磯部の御神田《おみた》」の名称で国の重要無形民俗文化財に指定されている。写真は刺鳥差《さいとりさし》舞。中央の子どもは「ササラスリ」、田舟に乗っているのは「太鼓打ち」で、どちらも少年2名が役を任される（まれに少女になる場合もある）。御田植と踊り込みの時に「太鼓打ち」は太鼓を打ち、「ササラスリ」は舞を舞う。〈志摩市磯部町恵利原・昭和49年・提供＝山路宗平氏〉

**第4回全国豊かな海づくり大会**　水産業を次世代へ引き継いでいくため、水産資源の保護や海・河川の環境保護などの意識向上を目的として、昭和56年に第1回が大分県で開催された。第4回は三重県の浜島町浜島港が開催場所となった。大会には皇太子ご夫妻（現上皇ご夫妻）が臨席され、海女の実演などを見学された。〈志摩市浜島町浜島・昭和59年・提供＝井上博暁氏〉

**G7伊勢志摩サミット**　平成28年5月26、27日に志摩市の賢島で第42回先進国首脳会議（通称G7伊勢志摩サミット）が開催された。メインの会議場となったのは志摩観光ホテル。日本の安倍晋三首相から時計回りに、フランスのオランド大統領、イギリスのキャメロン首相、カナダのトルドー首相、欧州連合ユンカー委員長、トゥスク欧州理事会議長、イタリアのレンツィ首相、ドイツのメルケル首相、アメリカのオバマ大統領。G7の首脳が同ホテルで円卓を囲み、世界の諸問題について議論した。〈志摩市阿児町神明・平成28年・提供＝外務省、所蔵＝志摩観光ホテル〉

**カツオを満載する第二十八徳榮丸**　一本釣で釣り上げたカツオが甲板を埋め尽くしている。第二十八徳榮丸は430トンのカツオ船で、乗組員はおよそ32名。浜島港から出航して神ノ島の沖合で漁をした。手前の人物が乗っているのは、カツオの餌となる生きたイワシを入れるいけす。カツオが食い付き始めると、散水ポンプで水を撒きイワシの群れのようすを再現し、擬餌鉤《ぎじばり》を付けた釣竿でカツオを釣っていく。同船の元船長によると、もっと豊漁の時もあったという。〈熊野灘・昭和60年頃・提供＝井上五十二氏〉

**志摩マリンランド**　近鉄が伊勢志摩総合開発の一環として、昭和45年3月に開館。当初は水族館と海洋館が主な設備だったが、同50年に海洋館は古代水族館に改装された。地元の人も多く訪れ、長らく志摩観光ホテルと並ぶ賢島のランドマークだったが、令和3年に営業を休止した。〈志摩市阿児町神明・昭和46年・提供＝個人蔵〉

**小浜《おはま》の夏まつり**　鳥羽市の最北にある小浜町の豊漁を祈願する夏祭りに、花魁《おいらん》道中の仮装が出た時のようす。毎年7月15日に開催されていた八幡神社の祭りで、「天王さん」の愛称で親しまれていた。各地区が独自の出し物を披露した。写真の花魁道中もその一つ。今は見られないが手漕ぎ船の競争も行われ、皆が熱い声援を送っていたという。〈鳥羽市小浜町・昭和63年・提供＝石原ふじ氏〉

**鳥羽水族館**　昭和30年に開館し、この年に30周年を迎えた。写真の前年に日本で初めてとなるラッコの赤ちゃんが同館で誕生。全国で空前の「ラッコブーム」となり、鳥羽水族館にも年間200万人の入場者があったという。記念撮影用のパネルにも大きくラッコのイラストが描かれている。〈鳥羽市鳥羽・昭和60年・提供＝上西保男氏〉

**鳥羽城跡より望むぶらじる丸**　昭和29年に建造された貨客船で、ブラジル移民船として活躍。同48年に引退後、海洋パビリオン「鳥羽ぶらじる丸」として鳥羽港に係留されていたが、平成8年1月末に閉館された。写真は閉館直前の1月3日に撮影されたもの。船はその後、中国に売却された。〈鳥羽市鳥羽・平成8年・提供＝古田儀之氏〉

**鳥羽駅でのアメリカ軍人たち**　真珠島の観光に来たのだろう。米軍専用として接収された客車には、アメリカの地名などに由来する固有名称がつけられた。この「TUCSON」はGHQ高官用として指定された寝台車。昭和22年に冷房装置が設置される前の撮影とみられる。当時の、縦書きの柱用駅名標にローマ字表記があることは珍しい。白地の物はローマ字が戦前の標準サイズより大きい。GHQによる指令の影響とみられる。〈鳥羽市鳥羽・昭和22年頃・提供＝衣川太一氏〉

**みえ国体炬火《きょか》リレー**　第30回国民体育大会・みえ国体が昭和50年に開催され、大会前に炬火リレーが県内を走った。玉城の中継地点の背後は、平成11年まであった玉城デパート。10月24日の撮影で、この2日後に伊勢市の三重県営総合競技場陸上競技場で秋季大会の開会式が行われた。〈玉城町内・昭和50年・提供＝玉城町教育委員会〉

**田丸神社の子ども神輿**　田丸神社は、菅原道真を主祭神として20柱の神様が祀られ、学業成就、厄除け祈願などのご利益がある。写真は田丸神社第一分団の子ども神輿で、宮司も一緒に写っている。当時は子どもの数も多かった。〈玉城町下田辺・昭和47年・提供＝田中敬一氏〉

**度会町町制施行祝賀式**　度会村が昭和43年１月１日に町制を施行して度会町が発足した。写真は同35年建設の体育館で、町制を祝う記念の祝賀式のようす。〈度会町棚橋・昭和43年・提供＝舟瀬正之助氏〉

**久具都比売橋竣工**　宮川に架かる久具都比売橋が完成し、平成6年3月24日に渡り初めが行われた。橋の完成と同時に、長らく地元住人の生活の足となっていた「上久具の渡し」が廃止となった。上久具と棚橋を結ぶこの渡船は、県内最後の渡しであった。〈度会町棚橋、上久具・平成6年・提供＝度会町〉

**宿田曽港で「第八永盛丸」竣工を祝う餅まき**　大漁旗がはためく新造船のデッキから乗組員たちが身を乗り出し、盛大な餅まきが行われている。「第八永盛丸」は大型のカツオ漁船。その後にこの地域で新しい大型のカツオ船は造られていないため、思い出深い船である。宿田曽港は昔からカツオ一本釣り漁業の基地として栄えた港である。〈南伊勢町宿浦・平成６年・提供＝岡野勝廣氏〉

**錦神社御造営記念**　旧錦村村社の錦神社で、20年に１度社殿を新しく建て替える式年御造営が行われた。写真はその奉祝パレードで、狐と天狗のお面をつけた氏子たちが町を練り歩いているようす。〈大紀町錦・昭和50年・提供＝西村良穂氏〉

**大内山脇動物園でライオンの赤ちゃんを抱っこ**　子猫のようにも見えるが抱っこしているのはライオンの赤ちゃん。写真提供者は当時、新聞にこのイベントの告知が載っていたのを見て、参加したという。同園は昭和45年に開園した私設動物園。平成21年に大内山動物園に改称した。〈大紀町大内山・平成８年・提供＝櫻田菜穂子氏〉

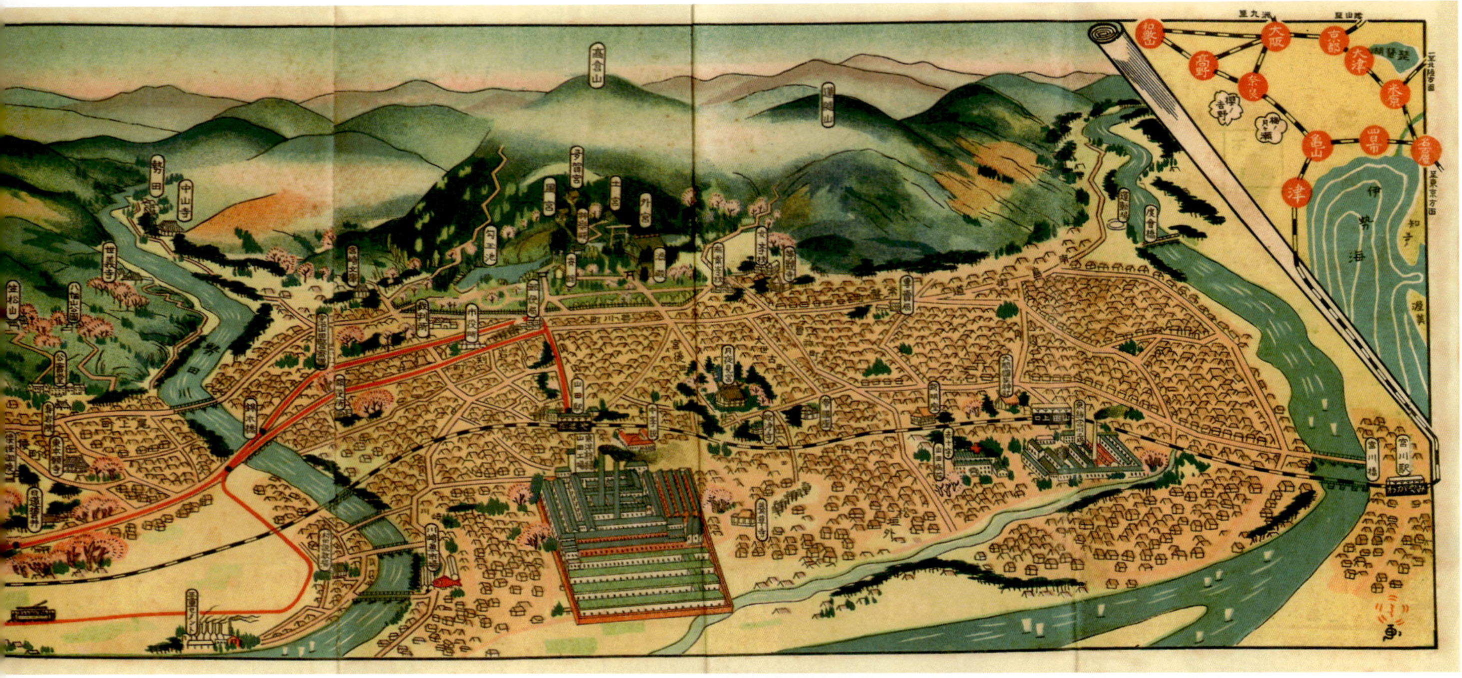

**伊勢参宮名所図会**　伊勢土産物商組合が大正13年に発行した鳥瞰図。路面電車（赤色の線）やケーブルカー、右側にある広大な東洋紡績工場など現存しないインフラや施設を多数見ることができる。右写真の宇治橋の絵がこの図の表紙である。製作は名古屋の澤田文精社で、新美南果が絵を描いている。〈大正13年・提供＝長谷川怜氏〉

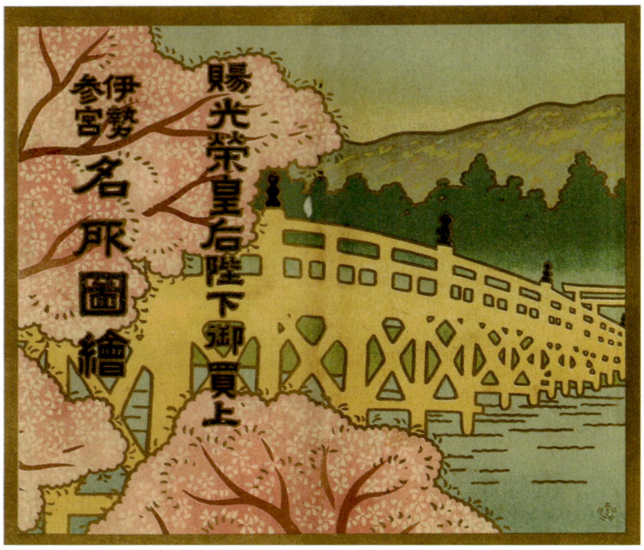

**伊勢内宮奉献 日本海海戦・戦捷記念砲**
戦前の内宮には日清、日露戦争の戦利品として大砲や錨などが展示されていた。写真はロシア戦艦アリョールの砲身で、宇治橋を渡った左側にあったという。絵葉書より。〈伊勢市宇治館町・大正～昭和初期・提供＝扇野耕多氏〉

**伊勢神宮御造営材 お木曳之光景①**　大正11年4～5月に第58回式年遷宮の第一次お木曳が行われた。写真は外宮領陸曳。絵符に書かれている「御式木」は役木を意味する。この年の外宮分の御用材は約400本。この時の御用材は、内宮･外宮全部合わせて1,260本にもなったという。絵葉書より。〈伊勢市内・大正11年・提供＝酒井広史氏〉

伊勢神宮御造營材 御木曳之光景 Soene Draws a Wood of Ise.

〔伊勢朝熊登山鐵道〕平岩乗換場ヨリケーブル線ヲ望ム

**伊勢朝熊登山鉄道**　伊賀上野の実業家・田中善助により大正14年に開業した。「伊勢へ詣らば朝熊をかけよ、朝熊かけねば片参宮」のキャッチフレーズで伊勢神宮の参拝客を誘致した。写真は東洋一の勾配を誇った鋼索線（ケーブルカー）の平岩乗換場。多くの観光客を集めたが、昭和19年に時局により営業休止となり、その後廃止された。絵葉書より。〈伊勢市朝熊町・大正末期～昭和初期・提供＝山田修司氏〉

Scene Draws a Wood the Creat Shrine of Ise.
伊勢神宮御造營材 御木曳之光景

**伊勢神宮御造営材 御木曳之光景②**　中島町の奉曳車が通りを進む。3次にわたる大正時代の奉曳参加人数は3万5,000人を超えたと記録にある。絵葉書より。〈伊勢市内・大正11年・提供＝酒井広史氏〉

**伊勢神宮御造営材 五十鈴川川曳の光景**　第58回式年遷宮のお木曳は大正11年から15年にかけて3次にわたって挙行された。写真は宇治橋下で、ソリに載った御用材が五十鈴川を曳かれているようす。絵葉書より。〈伊勢市宇治館町・大正11年・提供＝酒井広史氏〉

Scene Draws a Wood the Creat Shrine of Ise.
伊勢神宮御造營材 五十鈴川川曳の光景

# 「百」の記憶の積み重ねと広がり

監修
皇學館大学名誉教授　櫻井治男
皇學館大学文学部准教授　長谷川怜

『写真アルバム　伊勢・志摩の昭和』が出版されたのは平成二十五年、巳年のことである。それから干支《えと》の一巡りで巳年となり、再び樹林舎より写真アルバム刊行の運びとなった。今回は『写真アルバム　伊勢志摩の一〇〇年』と題される。折しも本年は「昭和」がスタートして一〇〇年を数える。この間、平成・令和と元号が改められた。

ところで「一〇〇」という数字は、どのような意味を持っているのだろうか。人生の一巡を「還暦」として祝い事がなされるが、その一〇年後は「古稀」、すなわち「古来稀《まれ》」な年齢として長寿の証しでもあった。しかしながら、日本社会は高齢化率が世界主要国のなかで首位にあり、齢を重ねる人々は増加し、「百《もも》」は「数えられないほど多く」の意味ではなく、現実味を帯びた数字となっている。このことは、私たちが人生の過程で多くの記憶を積み重ね、また広がりをもった数々の記憶に囲まれていることを示していよう。

本書の内容は大きく第Ⅰ部と第Ⅱ部とに分かれ、前者は第二次大戦前と戦時下の項を立て、戦後への導線として昭和の開始から戦争という厳しい時代の記憶が伝えられる構成となっている。ただし、戦前・戦中は全てが暗黒の時代であったわけではなく、厳しい時代の中にも人びとの日常生活や日々の楽しみなどが存在したことも写真は伝えてくれる。戦前期を体験された方々が減少する中で、街角や鉄道、諸施設、出征風景などに見られる集合写真は、個人以上に地域の記憶と直結していよう。戦後も八〇年となるいま、その劇的変革ぶりと時代のもたらす結果を戦前期と対比し、「ツイン・タイム・トラベル」に自らを誘う機会となろう。

第Ⅱ部はテーマ別であるとともに時代の変化を追うことが可能な構成で、戦後を主としている。変わりゆく風景はある意味この地域での新たな開発の歴史でもあり、地表空間の変貌に手を染めて来た地域の選択でもある。そのことは、街角や交通システムのような場面を現在と比較することによって一層明らかになってこよう。また、地域の子どもたちのようすや学校の姿を見ること、さらには身近な暮らしの世界を確認することからも始められる。

ところで本書は、前書の地域に加えて、度会郡の玉城町・度会町・南伊勢町・大紀町を含めており、いわゆる農山海村の全般に視点を共有する可能性が広がっている。祭りや海の生業など地域ごとの特性もあるが、一方で通じ合う社会的文化的背景も垣間見ることが出来よう。さらに災害などの出来事は特定の場面だけでなく広域の体験でもあることに意識の及ぶ点である。

本書を制作するにあたり、多くの方々からの写真提供があり深く感謝したい。また、それぞれの知見を生かし解説を担当して下さった執筆者の皆様に改めて御礼申し上げる。私たちの人生を豊かにしてくれる記憶を呼び起こすツールとして、本書がいつも座右に置かれることを監修者として願いたい。

1

2

3

4

5

6

7

8



1 倭町奉曳団〈伊勢市倭町・昭和初期・提供＝個人蔵〉

2 有緝小学校の遠足〈伊勢市河崎町・昭和30年代・提供＝中川正氏〉

3 鵜方の納涼夜店びっくり夜市〈志摩市阿児町鵜方・昭和46年・提供＝柴原千歳氏〉

4 ミキモト真珠島の御木本幸吉銅像〈鳥羽市鳥羽・昭和37年・提供＝個人蔵〉

5 鮠川（はいかわ）大橋のない頃の渡し船〈度会町鮠川・昭和39年・提供＝藤田正美氏〉

6 田丸実業女学校〈玉城町田丸・昭和4年頃・提供＝玉城町教育委員会〉

7 迫間浦の海祭の海上パレード〈南伊勢町迫間浦・昭和40年代・提供＝愛洲の館〉

8 七保第二小学校〈大紀町永会・昭和50年・提供＝大紀町教育委員会〉

# 凡例

一、本書は、伊勢市・志摩市・鳥羽市・度会郡（玉城町・度会町・南伊勢町・大紀町）で明治から現代までに撮影された写真を、テーマごとに分類して収録したものである。

二、写真解説文末尾〈　〉内に、撮影地の現在の地名（町名や大字まで）、撮影年、提供者・撮影者名を付記した。例外として、航空写真や俯瞰撮影などや、撮影地が不確かな場合は、自治体名の表記のみにとどめたり、撮影地表記を省略したものがある。

三、解説文中の名称や地名は、写真撮影当時に使われていた呼称を使用し、現在使用されていないものには、適宜（　）内に令和七年一月現在の呼称を表記した。

四、用字用語は、原則として一般的な表記に統一したが、執筆者の見解によるものもある。

五、文中の人名は、原則として敬称を略した。

今社《いまのやしろ》にて紀元二千六百年記念の奉祝大仮装行列。宮町班の面々である。〈伊勢市宮町・昭和15年・提供＝牧戸和男氏〉

## 「昭和の大合併」前の伊勢志摩の市町村（昭和 17 年 5 月）

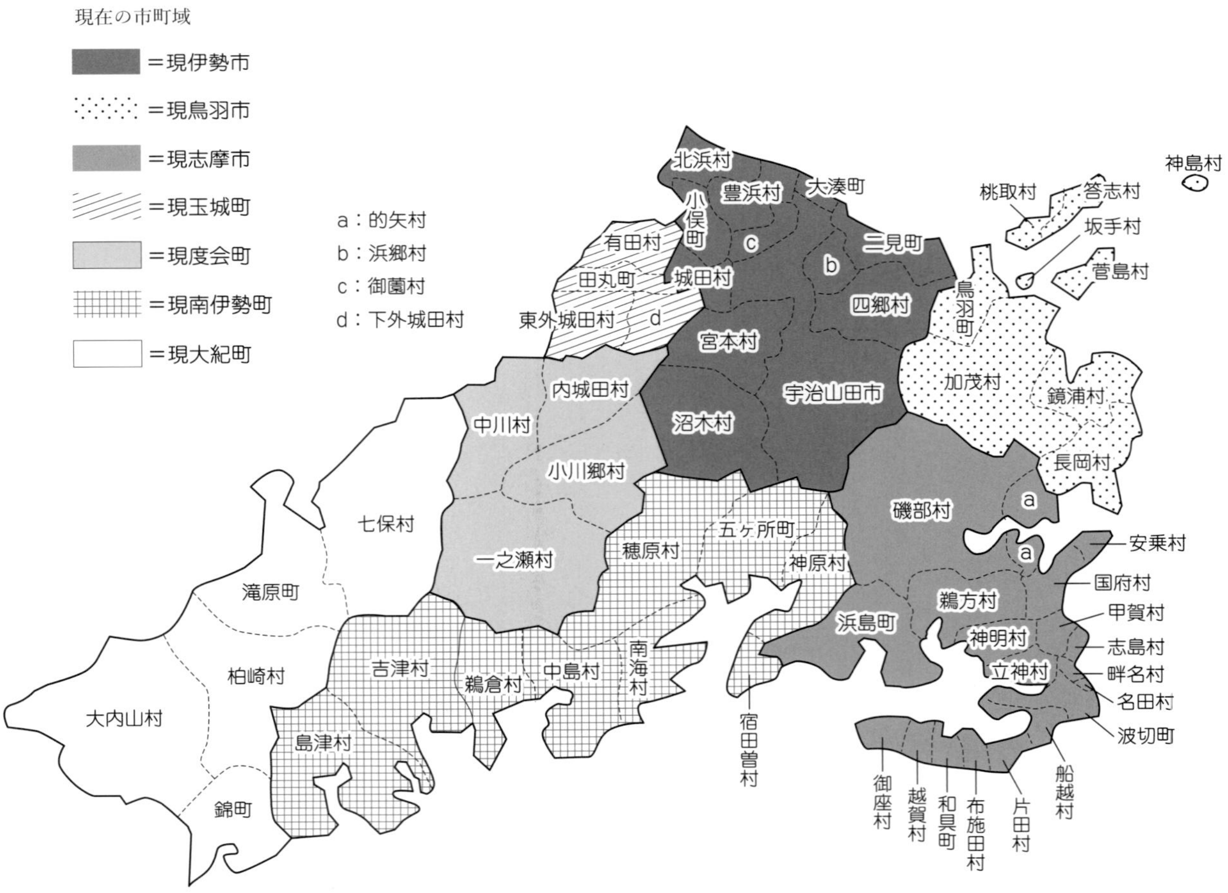

# 1 近代の伊勢志摩

## 明治・大正・昭和初期の面影

近代の伊勢志摩を写した写真を一見すると、別の場所ではないかと錯覚する。それほどこの地域の一〇〇年の変化は大きいが、現代の道や地形には名残があり、被写体となった施設や産業はいずれも現在の伊勢志摩地域の発展に直結している。写真からは、過去と現在の断続／継続の双方を看取できるだろう。

明治維新後、伊勢神宮は国家祭祀の中心に位置づけられた。天皇・皇族の参拝を契機として神宮参拝が奨励され、多くの人びとが参拝に訪れた。明治三十年に国鉄の山田駅（現在の伊勢市駅）が開業すると参宮客の増加に拍車がかかる。外宮・内宮の前には、旅館、土産物店、かつての御師たちによる宿泊施設などが建ち、観光地の様相が整えられていった。神苑会（神宮の宮域や市街のインフラ整備を行った団体）による伊勢の近代化は重要な画期であり、明治期にできあがった御幸道路、錦水橋、徴古館などは現在の伊勢において不可欠の存在である。また、教育機関、郵便局や病院などの諸施設も次々に設置された。

明治～大正にかけては近代産業の勃興も著しい。小俣の紡績工場、大湊や鳥羽城址の造船所のほか、製紙や製茶も地域の重要産業として発展した。御木本幸吉《みきもとこうきち》による養殖真珠の実用化は、鳥羽、志摩の新たな産業として地域に発展をもたらした。

大正～昭和には私鉄の開業が相次ぎ、近鉄の前身となる諸路線が延伸した。各駅前には主要観光地を巡る乗合自動車やタクシーが集った。戦前期の写真には様々な自動車の姿が記録されており、この地域での普及の度合いを物語る。また動力船による近海の島々への巡航路も整えられた（「交通の発展」の章参照）。

急速な近代化の中でも、遷宮をはじめ神宮関係の祭礼や行事、冠婚葬祭は地域の人びとによって行われ続けて、それらは現在につながっているが、写真からは戦前ならではの様相や雰囲気を知ることができる。木造建築が建て込む未舗装の道や宮川堤の急斜面を御木曳の奉曳車が進むようす、白装束で幟旗や提灯を押し立てた葬列などは現在とは大きく異なる点である。伝統が継承される一方、それが行われる空間は確実に時代と共に変化していることに改めて気付かされる。

（長谷川怜）

**宇治橋横の旅館・神洲館**　宇治橋のたもと、澤瀉大夫《おもだかたゆう》（次頁の下写真）と向かい合うように建っていた。内宮の御師《おんし》の中川采女、岩井田右近、柳谷太夫などが同館を斡旋していた。同館は鈴七を屋号とし、写真左端の軒下に見にくいが鈴七商店と書かれている。中川采女の家来の正木大夫が九州で活動していたこともあり、神洲館は九州方面からの参宮客を泊める旅館として知られていた。後に神都線の終点（現在の三重交通乗合自動車内宮前駅）に移転し、昭和11年に火事で焼失した。〈伊勢市宇治館町・明治30年代・提供＝皇學館大学〉

**宇治橋前にあった土産物店**　神洲館のそば、現在のおはらい町入口付近に建っていた。軒の上には、「階上陳列場縦覧随意」と書かれている。軒や2階の窓などは和風だが、左右対称の両翼と、中央に塔屋を持つ擬洋風建築である。1階正面はガラス張りで商品の展示スペースになっていたようだ。〈伊勢市宇治館町・明治30年代・提供＝皇學館大学〉

**宇治橋横の旅館・澤瀉《おもだか》大夫《たゆう》**　五十鈴川が画面左に写り、建物の入口には「澤瀉大夫」と「岩井田右近」の看板がかかっている。いずれも内宮の御師《おんし》である。澤瀉大夫は明治維新後に御師制度が廃止された後も宇治橋のたもとで旅館を経営し、岩井田右近は澤瀉大夫を宿所として斡旋した。当時は近世以来の旧御師系旅館と町宿系旅館が競合し、参宮客を取り合っていたが、宇治橋の真横にあるこれらの旅館の利便性は高かったであろう。なお、大正5年の宇治橋周辺の整備（神苑拡張）に伴い旅館は閉鎖された。その後、当時の当主・澤瀉久富は宇治山田市会議長として地域振興のために活動した。〈伊勢市宇治館町・明治30年代・提供＝皇學館大学〉

**伊勢神宮内に奉納された大砲**　戦前の伊勢神宮の内宮と外宮には、日清戦争および日露戦争の戦勝記念として奉納された大砲や戦艦の錨などが陳列されていた。この絵葉書には、内宮神苑に陳列されていた大砲が写されている。手前にあるのが日露戦争でロシア軍から鹵獲《ろかく》した「戦利砲二十三珊米《サンチメートル》加《か》農砲《のんほう》」であり、後方にあるのは、同戦争で日本軍が使用した「二十八珊米《サンチメートル》榴弾砲」である。なお、これらは終戦後に処分された。〈伊勢市宇治館町・明治40年以降・提供＝扇野耕多氏〉

**内宮宇治橋①**　五十鈴《いすず》川に架かる宇治橋を皇大神宮（内宮）側から見る。宇治橋は内宮への入口であり、神域と俗世とを結ぶ架け橋といわれる。毎回の式年遷宮に合わせて20年ごと、遷宮行事斎行の4年前に架け替えが行われている。〈伊勢市宇治館町・昭和初期・提供＝酒井広史氏〉

**内宮宇治橋②**　橋上から内宮を眺める。宇治橋の両橋詰には、両正宮の旧正殿の棟持柱《むなもちばしら》を再利用した大鳥居が立つ。写真の鳥居は内宮旧正殿の柱。外側の鳥居には豊受大神宮（外宮）のものが用いられている。〈伊勢市宇治館町・昭和初期・提供＝酒井広史氏〉

**戦前の徴古館農業館**　総合博物館を目的として倉田山に建設され、明治42年に開館。中央にドーム状の屋根を戴いた荘麗な近代建築であった。先に建設されていた農業館と合わせ、同44年に「徴古館農業館」と名付けられたが、戦時中に空襲を受けて焼け落ちる。建物は外壁だけとなりドームも失われた。〈伊勢市神田久志本町・昭和16年・提供＝伊勢市〉

**山田郵便局**　明治42年に建設された洋風木造建築。現在は明治村に移築されている。右側の建物は神都線の外宮前駅の待合所。〈伊勢市本町・大正～昭和初期・提供＝長谷川怜氏〉

**帝国座**　明治25年に開業した芝居小屋・新北座を前身として同44年に開館した劇場である。大正9年に改築されて洋風建築となり、映画館となった。主に東宝映画を上映していたという。表に立てかけられた看板には、戦前から戦後にかけ活躍した日活のコメディ俳優・杉狂児の名もある。〈伊勢市一之木・昭和17年頃・提供＝牧戸和男氏〉

**駅前通りの旅館街**　明治32年、外宮と参宮鉄道山田駅を結ぶ参道が敷かれ、お伊勢参りの玄関口となった。写真では道の中央に路面電車の線路が走り、左右には土産物店や食堂、3階建ての高級旅館が軒を連ねている。現在は外宮参道の愛称で呼ばれる。〈伊勢市本町・昭和10年・提供＝伊勢市〉

**大正期の衣料品店**　河崎の中川時計店の昔の姿である。写真の当時は古着屋を営んでいた。行商に出ることもあったという。〈伊勢市河崎・大正9年・提供＝中川正氏〉

**道具辰商店**　創業明治20年4月の老舗。看板には「嫁入道具和洋家具」「建具襖類碁盤碁石」といった文字が見える。〈伊勢市宮町・昭和元年・提供＝牧戸和男氏〉

**勢田川の河口**　勢田川のこの辺りは川幅が広く膨らみ、舟運の積出港となっていた。一色のあたりではあさり貝がよく採れたという。また、この地域では筵《むしろ》の製造が盛んで、名古屋や三河、東京へとさまざまな地域に出荷していた。〈伊勢市通町・昭和3年・提供＝個人蔵〉

**大湊の風景**　大湊は宮川の河口に位置しており江戸期は港町として繁栄したが、河口に土砂が堆積し、以降は造船業が台頭する。明治期には大湊や松崎、吉川、内田、市川といった大手造船所があった。白瀬矗《のぶ》中尉が南極探検で乗船した「開南丸」は、市川造船所建造の「第二報効丸」を補強した船である。〈伊勢市大湊町・昭和初期・提供＝中西和夫氏〉

**相差漁港**　収穫後の稲積みの向こうには、ワカメが干されている。〈鳥羽市相差町・昭和19年頃・提供＝個人蔵〉

**小池流田丸水練場**　天明6年（1786）、田丸城主の命で水練場が外城田川に開設された。小池流は武芸として発展した日本泳法の紀州三流派の一つ。今なお伝承されており、日本泳法研究会などで実技発表も行われる。〈玉城町田丸・昭和6年・提供＝玉城町教育委員会〉

**大紀町の古刹・寶泉院**　同院の過去帳を遡ると最も古い没者は寛文3年（1663）頃とあり、江戸時代からこの地域を見守ってきた歴史ある寺である。写真は茅葺屋根の頃。大正9年、瓦屋根に改築したという。町指定有形民俗文化財の「熊野観心十界曼陀羅」を所蔵していることで知られる。〈大紀町永会・大正初期・提供＝寶泉院〉

**三重県初の電車**　宮川電気によって、明治36年8月に本町～二見間が開業した。のちの三重交通神都線である。写真は本町。運転士はコントローラーのハンドルを握り、発車待ちをしているようだ。同38年に山田（現伊勢市）駅前まで延伸する前は、軌道がこの奥で途切れていた。電車の集電装置は、初期のみ使用されたというビューゲルである。京都の元公家の石《いわ》井《い》行《ゆき》昌《まさ》による撮影。〈伊勢市内・明治36年頃・資料＝京都府立京都学・歴彩館寄託、石井行昌撮影写真〉

**建設中の志摩電気鉄道**　鳥羽～真珠港（現在は廃駅）間は昭和4年に開通する。写真は、現在では賢島駅が建つ辺りである。〈志摩市阿児町神明・大正時代・提供＝松井耀司氏〉

**無人島だった頃のかしこ島**　昭和初期まで賢島は数軒の真珠養殖工場があるだけの無人島であった。大正時代には賢島橋として木組みの簡素な橋が本土と島の間に架けられていた。〈志摩市阿児町神明・大正時代・提供＝松井耀司氏〉

**賢島駅ができる前のかしこ島**　「海の軽井沢」を目指し、松井真珠店や旅館、飲食店などによる観光地開発が動き出し、昭和4年に志摩電気鉄道が通り島名も「賢島」と改称される。戦後には本格純洋式リゾートホテル・志摩観光ホテルが建った。現在の賢島は奥志摩観光の拠点である。〈志摩市阿児町神明・大正時代・提供＝松井耀司氏〉

**並ぶ神都バス**　観光だろうか、御幸道路に神都交通のバスが並ぶ。ガソリンが貴重だったため、当時のバスは電気自動車であることが国策として推奨されていた。神都交通は三重交通の前身の一つである。〈伊勢市楠部町・昭和14年・提供＝河中伸浩氏〉

**神都バスの乗務員たち**　徴古館から北側に坂道を下った倭姫宮参道にて。右から4人目に写真提供者の父が写る。〈伊勢市楠部町・昭和10年代後半・提供＝河中伸浩氏〉

**シボレーのボンネットトラック**　場所は内宮の参道、参拝者の荷物を運んでいる。シボレーは、米国の自動車メーカーであるゼネラル・モーターズ（GM）により昭和2年に設立された日本ゼネラル・モータースのブランド。日本の自動車黎明期、明治大正期に見られたのはGMやフォードなどの外車がほとんどであった。〈伊勢市内・昭和元年頃・提供＝田中敬一氏〉

**御木本幸吉と議員たち**　大正15年1月に貴族院・衆議院の議員が合同で三重県下を視察した際の記念写真。一行は伊勢神宮を参拝後、御木本幸吉の案内で真珠の養殖現場を見学し、桑名へ一泊後に帰京した。集合写真は五ヶ所養殖場内の建物で撮影されたと推定される。前列左より、牧野忠篤（貴族院議員）、不明（代議士）、水野直（貴族院議員）、堀田正恆（貴族院議員）。2列目左より、八條隆正（貴族院議員）、井上匡四郎（貴族院議員）、小松謙次郎（貴族院議員）、青木信光（貴族院議員）、御木本幸吉、俵孫一（衆議院議員）。3列目左より、中島彌團次（衆議院議員）、池田嘉吉（御木本真珠店支配人）。〈南伊勢町五ヶ所浦・大正15年・提供＝一般社団法人尚友倶楽部〉

**奉祝花自動車と記念写真**　宇治山田市市制30周年を記念して催された祝賀行事の一環で、花自動車が運行された。写真は内宮前付近か。〈伊勢市宇治今在家町・昭和11年・提供＝河中伸浩氏〉

**経済運転競技がスタート**　自動車による運送業の発展に伴い、経済運転競技が開催された。写真は、テープの前で出場車が今まさにスタートするところである。経済運転とは今でいう省エネ運転のことである。〈伊勢市吹上付近・昭和13年・提供＝河中伸浩氏〉

**紀元二千六百年**　割烹着に襷《たすき》の会服で勢揃いした大日本国防婦人会の女性たち。神都有緝分会の「河崎班」や「船江班」などの垂れ旗を手に、紀元二千六百年記念の建国祭に参加するため有緝小学校に集まった。昭和15年は神武天皇の即位から2600年の節目の年とされ、全国で記念行事が催された。左奥の建物は今も現存しており、校庭から見ることができる。〈伊勢市船江・昭和15年・提供＝中川正氏〉

**大軌興業明野農場の大きな看板**　明野駅のすぐそばにあり、農業や畜産業などを手がけていた。大軌興業は、大阪電気軌道（現近鉄）の関連会社である。〈伊勢市小俣町明野・昭和17年頃・提供＝橋本理市氏〉

**農家組合の共同作業隊**　「恵利原第五農家組合共同作業隊」の幕を持ち、日の丸を掲げた人びとが集まり、笑顔で写真に納まる。時期は11月で、小麦等の種まきを終えたところか。かつて各地の集落農業者組織の名称は、農家組合、農事組合、農事改良組合などさまざまあった。現在のJA（農業協同組合）の基礎となる。〈志摩市磯部町恵利原・昭和16年・提供＝山路宗平氏〉

**荒廃林地の復旧工事**　横山の付近にて撮られた、志摩事業区荒廃林地復旧工事の竣工記念写真である。背広を着た男性から着物に前掛けの姿の女性まで、工事に関わった人数の多さに目を見張る。村中総出で植林をしたという。〈志摩市阿児町鵜方・昭和9年・提供＝前田敏道氏〉

**内城田郵便局**　交代したばかりの新しい郵便局長を囲んで撮った記念写真。当時は内城田村の郵便局であった。写真右の看板に書かれている「報国債券」は、政府が軍事費を庶民から集めるために発行したものである。〈度会町棚橋・昭和17年・提供＝藤田正美氏〉

**小川旅館**　山田駅（現伊勢市駅）のすぐ東にあった旅館で、1階に食堂と土産物店があったという。写真は山田駅構内で売る駅弁の準備をしているところ。小川食堂の板前が弁当の紐を結んでいる。〈伊勢市吹上・昭和初期・提供＝小川和美氏〉

**有文堂書店にて**　「大阪朝日新聞」の看板を大きく掲げた書店の前で、男性に連れられた犬は日の丸を着けている。後に犬は軍隊へ供出されたという。新聞も戦時統制されていた時代である。同書店は、写真の場所から少し離れた現在地に移転して今も営業している。〈伊勢市八日市場町・昭和18～20年・提供＝有文堂書店〉

**猿田彦神社で結婚式**　今も変わらぬ猿田彦神社のようすが写る。前列右から3番目は皇學館大学初代理事長・熱田神宮名誉宮司の長谷外余男《はせとよお》。ちなみに、かつての日本では挙式の風習はなく、道具入れ、嫁入、祝言を合わせて婚礼とされていた。明治中期に嘉仁《よしひと》親王（大正天皇）が神前結婚式を執り行い、神社での挙式が庶民にも広まったといわれる。〈伊勢市宇治浦田・昭和14年頃・提供＝小川和美氏〉

**高祖父の祖父が賀寿を祝う**　和具の八雲神社の二の鳥居前に、親族が集合し記念の一枚。前列中央付近の杖を手にして椅子に座った老爺は写真提供者から見て高祖父の祖父にあたり、写真の当時96歳であった。当人はその後、白寿、百寿を越え103歳まで生きたという。〈志摩市志摩町和具・昭和18年・提供＝東岡晴海氏〉

**進富座の前で**　姫君などに扮した若衆は、芝居役者たちか。提灯には「新古市」とある。進富座は昭和初期に開館した芝居小屋である。この場所は江戸時代にはすでに芝居小屋が建てられ興行を打っていたといわれる。同館は昭和28年からは映画館になる。〈伊勢市曽祢・昭和10年代頃・提供＝中村昭氏〉

**漁師町の娘たち**　正月だろうか、皆華やかな着物を着て笑顔でパチリ。錦村は熊野灘に面した漁師町で、周辺は山と海である。写真の場所は、現在では大紀町唯一の海水浴場・錦向井ヶ浜トロピカルガーデンがある辺り。〈大紀町錦・昭和初期・提供＝西村良穂氏〉

**村山龍平翁記念碑**　嘉永3年（1850）に伊勢国田丸に生まれた村山は朝日新聞の創業者である。明治24年には衆議院議員に当選し、政治家としても活躍した。昭和7年、故郷の田丸町にあった旧屋敷跡を町に寄付した。写真の記念碑はその際に町が建てたもので、屋敷跡は「香雪園」と名付けられ遊園地になった。また、同12年には三重県初となる50メートルの屋外プールが村山家から寄贈され、現在も玉城町営プールとして利用されている。〈玉城町田丸・昭和9年・提供＝玉城町教育委員会〉

**母と子**　昭和14年頃に撮影されたなにげない母子の写真であるが、大日本国防婦人会の襷《たすき》が目を引く。「国防は台所から」をスローガンに昭和7年に発足した同会は、出征兵士の見送りや留守家族の支援、慰問袋の作成などを行なう団体である。割烹着に襷掛けを正装とした。〈度会町五ケ町・昭和14年頃・提供＝岡谷昌行氏〉

**相撲を取る父と子**　洗濯物が干してある庭で。後ろには最近では見られなくなった、籐編みの大きな乳母車（唐車《とうぐるま》と呼ぶこともあったという）が見える。まだ太平洋戦争の開戦前か、のどかな雰囲気である。〈伊勢市朝熊町・昭和16年頃・提供＝橋本理市氏〉

**外宮へ遊びに**　左に写る森は田上大水神社と田上大水御前神社、背後は高倉山である。子どもは自転車を買ってもらったことがうれしくて、外宮あたりによく虫を捕まえにきたという。この頃はまだ見渡すかぎりの田んぼであった。右手に進むと豊宮崎文庫の跡地である。〈伊勢市豊川町・昭和13年・提供＝河中伸浩氏〉

**戦争末期の子どもたち**　男の子ともんぺ姿の女の子が、こぼれんばかりの笑みを見せている。終戦の年の春頃という。〈伊勢市小俣町本町・昭和20年・提供＝時長和弘氏〉

**葬列の光景**　自宅前に喪服の人びとが並ぶ。野辺送りが行われるところで、自宅を出て厳かに墓地へ向かう。白い喪服は再生を象徴し、日本における喪服は古来白色が主流であった。黒い喪服を着るのは明治後期以降、英照皇太后の葬儀からともいわれる。〈伊勢市宮町・昭和４年・提供＝牧戸和男氏〉

**野辺送り**　長い葬列が畑の中の道を行く。葬儀の後、僧侶に親族など、地域の人びとが列をなし、埋葬する墓地まで故人を送る重要な儀式であった。先頭の提灯持ちは子どもの役目だったという。現在では鵜方駅が建つ東側付近の眺めである。〈志摩市阿児町鵜方・大正～昭和初期・提供＝前田敏道氏〉

**大正時代の外宮領お木曳**　大正時代の第58回式年遷宮お木曳は、大正11、12、15年に執り行われた。戦前まで御用材は木曽川を使って運ばれ、伊勢大湊の貯木場に搬入された。その後内宮用と外宮用に分けられ、外宮用はさらに宮川を遡り、写真の宮川貯木場で水揚げされた。写真は「ソリ」に御用材が載せられ奥の宮川堤へと曳かれていくようすが写されている。〈伊勢市中島・大正12年・提供＝伊勢市〉

**昭和17年の外宮領お木曳①**　第59回式年遷宮のお木曳は、昭和17、18年に挙行された。太平洋戦争開戦後の奉曳となったが、同17年の第一次は２日間で20団体が奉仕したという。写真は宮川貯木場。大正時代の写真とは違い、昭和８年に架橋されたコンクリート造の度会橋が写る。左奥に見えるのはどんでん場へのスロープ。右奥には関西急行鉄道（伊勢電気鉄道）の鉄橋が見えるが、この後8月に廃止となる。〈伊勢市中島・昭和17年・提供＝中西和夫氏〉

**昭和17年の外宮領陸曳お木曳②**　宮川貯木場の写真で、前ページの下写真より先に（南に）進んでいる。度会橋の上から撮影されていると思われる。宮川堤を越える「どんでん場」まで御用材が曳かれているところで、左中央にどんでん場のスロープが見える。〈伊勢市中島・昭和17年・提供＝三宅あゆみ氏〉

**宮川のどんでん返し**　御用材が宮川堤を越える場所は「どんでん場」とも呼ばれる。宮川貯木場からソリに載せられた御用材は綱を曳かれて、どんでん場へ勢いよく上がってくる。堤に上がった御用材は一旦止まり、越えるかと思えば河原へと曳き戻され、綱も上下左右に揺らされる。「宮川のどんでん返し」と言われる陸曳の見せ場の一つで、最後は一気に曳かれてすべり落ちる。御用材はその後奉曳車に積まれて外宮へと向かう。〈伊勢市中島・大正12年頃・提供＝牧戸和男氏〉

**どんでん場**　出雲町誠義会奉曳団が「どんでん返し」をしているようす。堤の奥に御用材の先が小さく見えている。木遣り子が「采《ざい》」を振るい、激しい掛け声をかけて御用材が曳かれる。堤の上にいる人が手にしている、短冊状の和紙を束ねたものが采。ちなみに川曳の采は濡れても使用できるように木製である。〈伊勢市中島・昭和17年・提供＝中西和夫氏〉

**大湊町奉曳団のエンヤ曳き**　「エンヤー」の掛け声とともに外宮北御門前に一気に曳き込む。この写真のように砂ぼこりが勢いよく立つのを良しとする。大湊町団は大湊貯木場があった関係もあり、現在でも陸曳と川曳の両方を行う特別な団である。〈伊勢市豊川町・昭和17年・提供＝三宅あゆみ氏〉

**宮町奉曳団の陸曳**　昭和6年に下中之郷町が宮町と改称したため、奉曳団の名称も変わった。第59回式年遷宮奉曳の服装は時局柄、白烏帽子も含め白一色に統一された。襷や帯の色により団の区別がされたという。写真奥の鳥居は国鉄の線路近くにあったもので同34年の伊勢湾台風で倒壊し今はない。〈伊勢市宮町・昭和17年頃・提供＝牧戸和男氏〉

**下中之郷町の奉曳車**　大正12年5月15日の撮影。どんでん返しが終わって奉曳車に積まれた後の記念写真と思われる。下中之郷町は、宮町の前身。〈伊勢市口島・大正12年・提供＝牧戸和男氏〉

**大正時代の内宮領お木曳①**　奉曳団が木のソリに御用材を載せて、五十鈴川を進んでいる。内宮領のお木曳は、川を遡るのが特徴で、外宮領のお木曳「陸曳《おかびき》」に対して「川曳《かわびき》」と呼ばれる。両側の河川敷には多くの見物客が見える。〈伊勢市宇治館町・大正12年・提供＝伊勢市〉

**大正時代の内宮領お木曳②**　四郷村楠部の奉曳団が、川曳の際に五十鈴川で記念撮影した。〈伊勢市楠部町・大正12年・提供＝豊田さと子氏〉

**昭和17年度川曳**　昭和17年の第一次川曳は2日間にわたって挙行された。中之切町奉曳団が左側に見え、多くの人の間には楠部、浦田町、朝熊などの幟が立つ。背後の橋は宇治橋。〈伊勢市宇治館町・昭和17年・提供＝中西和夫氏〉

御白石奉曳　（曽禰町余興）

**第58回式年遷宮の「お白石」奉献**　お白石奉献とは伊勢神宮の遷宮行事の一つ。新しい御正殿の敷地に敷き詰める「お白石」を、各町奉献団が宮川で探し集め、丁寧に洗い清めて奉献する。写真は曽祢町の奉献車の上で余興が披露されているようす。出発点から外宮までを奉献する道中、木遣り唄や踊りなどが披露される。場所は現在の高柳商店街。昭和4年10月10日の撮影。〈伊勢市曽祢・昭和4年・提供＝酒井広史氏〉

**伊勢神宮の御田《おみた》祭**　伊勢神宮の諸祭典に供えられる御料米の早苗を植える御田植神事。明治になって中止されたが、大正13年に復活した。笛や太鼓などが囃《はや》すなか田植えが行われ、その後、写真右に見える恵比寿と大黒の大団扇を重ね合わせる「団扇合せ」となり、「田舞」が行われる。〈伊勢市楠部町・昭和12年頃・提供＝豊田さと子氏〉

**磯部の御神田《おみた》**　伊勢神宮内宮の別宮である伊雑宮の御田植式。香取神宮、住吉大社と共に日本三大御田植祭の一つで、平成2年に国の重要無形民俗文化財に指定された。毎年6月24日に斎行される。〈志摩市磯部町下之郷・昭和16年・提供＝古田儀之氏〉

**田丸神社御白石奉曳**　菅原道真を主祭神とする田丸神社は、伊勢神宮と同様に遷宮が行われる。写真は昭和6年9月13日に撮影された魚町のお白石を積んだ車。場所は宝龍寺前。〈玉城町田丸・昭和6年・提供＝玉城町教育委員会〉

**内城田神社遷宮の餅まき**　この年の伊勢神宮第58回式年遷宮にあわせて同神社でも遷宮が行われ、記念に餅がまかれた。場所は内城田尋常高等小学校の校庭で、高くそびえたつ櫓《やぐら》の周りには大勢の人びとが集まっている。〈度会町棚橋・昭和4年・提供＝舟瀬正之助氏〉

# 2 戦前の教育

明治三十年代までに教育制度は整えられ、尋常小学校、実業学校、師範学校、帝国大学などが設置された。明治末に義務教育が六年制になり、それが長く続いた。諸外国では八年制が採用されており、我が国も教育年限の延長が企図された。昭和期の高等小学校の在籍者数の多さは世相を映し出している。女子には高等女学校の門戸が開かれていた。中学校、高等学校に進学できるのは、地域の一握りの優秀な人材である。生徒の精悍な顔つきが凛々しく、また頼もしい。

学校教育の拡充の一方、年少者の労働問題が存在していた。貧困を事由に就学の猶予や免除が認可されており、困窮する家庭の子どもは労働によって教育の機会が乏しかった。昭和十六年度、国民皆学を理念とする国民学校が発足。貧困を事由とする就学の猶予と免除は法規から消え、保護者の就学義務が徹底された。

同年十二月、太平洋戦争が勃発。民間人を標的とした空襲が相次ぎ、伊勢志摩地域の被害は甚大であった。戦局悪化で学校の授業が停止、それからは軍国主義が煽動された。運動場は畑となり、食糧増産が行われた。戦争末期には児童は疎開し、上級学校の生徒は工場などに勤労動員された。さらには多くの青年が戦地で散華した。

文部省の管轄で幼稚園は設置されてきた。託児所は母親たちが手弁当で地域の子守りを担ってきたことに由来する。季節託児所が一般的で、農村であれば田植えなどの農繁期に設けられた。長らくは篤志家による社会事業の一環であった。

現代の集合写真では、学校長と教師が前列中央に座ることが通例である。かつての写真では、保姆《ほぼ》（保育士）・教師が子供の後方や傍にいて撮影されているものが見受けられる。子どもに寄り添う気持ちが伝わってくるようだ。

（井上兼一）

**有緝《ゆうしゅう》国民学校の書き初め**　2年生が書いたとは思えない堂々たる習字である。昭和16年に公布された国民学校令により有緝尋常高等小学校から有緝国民学校へと改称した。学校名が変わっただけでなく、教育勅語の教えが色濃くなるなど「皇国ノ道」（国民学校令第1条）のための教育が目指された。この年の12月8日、太平洋戦争が開戦する。〈伊勢市船江・昭和16年・提供＝西川満氏〉

**有緝幼稚園の修了記念**　昭和15年度の保育修了記念の写真である。同園は大正6年に地元の女子教育のために創設されたのが始まり。全員が身に付けている白い前掛けが特徴である。〈伊勢市船江・昭和15年・提供＝西川滿氏〉

**馬瀬区農繁託児所**　田植えや稲刈りなど農業の繁忙期に幼児を預かった。戦時中は、食糧増産のために大人を農業に専念させ、そして将来の兵士や働き手である子どもを保護するために国がこの施設の設置を奨励していた。国民服を着ている男性がいることから、戦時中の写真であることがうかがえる。〈伊勢市馬瀬町・昭和10年代後半・提供＝林喜久郎氏〉

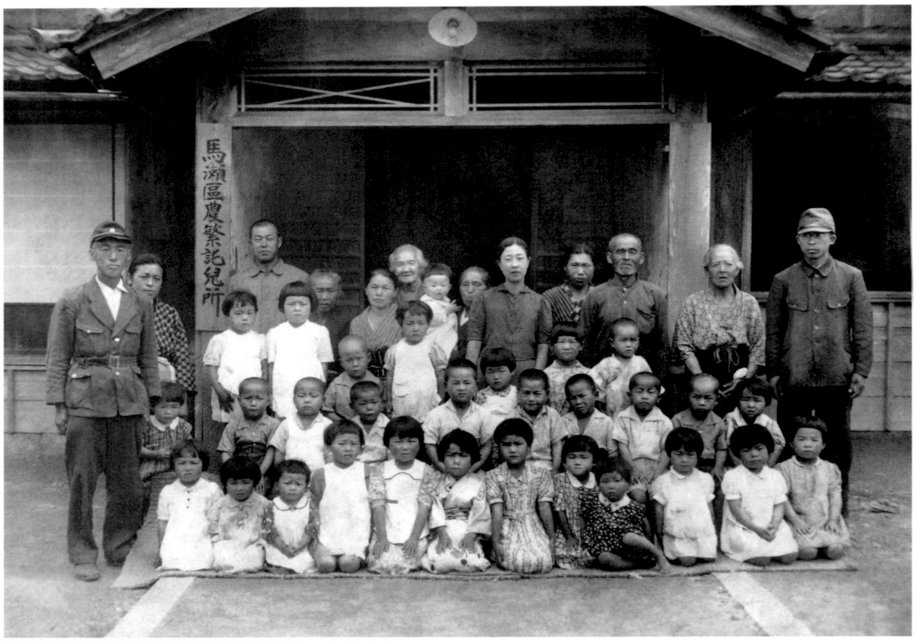

**四郷尋常高等小学校の卒業記念**　写っているのは高等科の卒業生たちで、現在の中学2年生に相当する。同校の始まりは明治7年に遡り、各地域で創設されていった学校が統合を繰り返し、同41年に四郷尋常高等小学校と改称した。現在は四郷小学校となっている。前列の左側に座っている女性らは当時流行していた「二百三高地髷」と呼ばれる髪型である。〈伊勢市楠部町・大正10年・提供＝豊田さと子氏〉

**修道尋常高等小学校の卒業記念**　尋常科の卒業生たち。現在の小学6年生と同じ年齢である。女子児童は思い思いに着物を着ており、戦争前の自由な雰囲気がうかがえる。明治16年に修道学校として設立され、現在の校名は修道小学校である。〈伊勢市久世戸町・昭和5年・提供＝髙木房子氏〉

**厚生尋常高等小学校の卒業記念**
尋常科の記念撮影。明治17年に宋{}学校と中正学校を合併し厚生学校としてスタートし、昭和3年に厚生尋常高等小学校となった。背景の校舎は同6年に建てられた鉄筋校舎であるが、戦災により焼失した。〈伊勢市一志町・昭和12年・提供＝個人蔵〉

**第四中学校の水上部（漕艇）①**　ボートを格納しておく艇庫の前で記念撮影。明治32年に第四尋常中学校として創立、同34年に第四中学校と改称した。戦後に宇治山田高等女学校と合併し、現在の宇治山田高校となる。合併前の校舎は船江にあった。〈伊勢市内・明治後期〜大正初期・提供＝伊勢市〉

**第四中学校の水上部②**　競漕《きょうそう》の訓練のようす。明治になり西洋からボート競技が日本に伝わり、東京大学をはじめとして全国各地の学校で盛んに行われていた。〈伊勢市内・明治後期～大正初期・提供＝伊勢市〉

**宇治山田商業高校の卒業記念**　背後は厚生尋常高等小学校の校舎。この小学校の出身者らが集まったと思われる。宇治山田商業高校は明治41年に宇治山田市立商業補習学校として豊川町に開校。何度か移転したのち、昭和38年に黒瀬町に移転した。〈伊勢市一志町・昭和17年・提供＝個人蔵〉

**宇治山田高等女学校の正門玄関**　歴史は古く明治30年に淑徳学舎として創立したのが始まり。宇治山田高等女学校と改称されたのが大正8年。昭和23年に宇治山田中学校と統合した。〈伊勢市浦口・大正後期～昭和初期・提供＝扇野耕多氏〉

**度会農学校の卒業記念**　凛々しく制帽を被っているのは第二回の卒業生たち。大正9年に度会郡立農林学校として開校し、同11年に三重県立度会農学校となり、昭和5年に田丸実業女学校となった。さらに同23年に明野養蚕学校と統合し、明野高校として新たに歩み始める。〈玉城町田丸・大正13年・提供＝豊田さと子氏〉

**成基国民学校の入学記念**　寺子屋を明治9年に改組して山原学校を創立したのが始まり。同22年に成基尋常小学校、35年に成基尋常高等小学校、昭和16年に国民学校となった。〈志摩市磯部町山原・昭和19年・提供＝古田儀之氏〉

**志摩水産学校の校舎前にて**　楽器を手にする生徒たち。同校は三重県志摩郡和具村外三ヶ村組合立崎島水産補習学校として明治35年に創設。大正11年に志摩水産学校と改称し、昭和24年に現在の水産高校となる。「三重丸」をはじめとする実習船により長期航海を行うことで知られる。〈志摩市志摩町和具・昭和17年・提供＝東岡晴海氏〉

**志摩水産学校の遠足**　久居の歩兵第三十三連隊や明野飛行場を訪れた１年生たち。後方に軍用機があるためか、緊張感のある表情をしている。飛行場に隣接して明野陸軍飛行学校があった。〈伊勢市小俣町明野・昭和17年・提供＝東岡晴海氏〉

**鵜方国民学校の修了記念**　初等科を修了した女子児童たち。校名となった「鵜方」は、かつて一帯に広がっていた干潟に鵜が多く生息していたことにちなむ地名。昭和17年はミッドウェー海戦で日本が敗北し、日米の形勢が逆転した時期であった。〈志摩市阿児町鵜方・昭和17年・提供＝中嶋信也氏〉

**和具尋常小学校の卒業記念**　和装の女子児童たちが誇らしげに並ぶ。前から二列目中央の国民服の男性は第17代校長の太田楠次郎先生。創立は明治9年にさかのぼる。〈志摩市志摩町和具・昭和14年・提供＝東岡晴海氏〉

**田丸実業女学校の運動会**　組体操のようす。大正9年に農林学校として始まり、昭和4年に田丸実業女学校に改称。翌年に男子部を廃止し、女子教育の場となる。養蚕、園芸、裁縫、料理などを学んだ。〈玉城町田丸・昭和5年頃・提供＝玉城町教育委員会〉

**小川尋常高等小学校**　学校の近くに絵を描きに行った児童たち。全員が袴姿で写る。この頃、農業と裁縫を学ぶ学校も併設されていた。〈度会町中之郷・大正11年頃・提供＝岡谷昌行氏〉

**成章尋常高等小学校の開校式**　明治35年に高等科を設置した。〈大紀町永会・明治35年・提供＝大紀町教育委員会〉

# 皇學館大学の歴史と倉田山の移り変わり

**倉田山の航空写真**　神宮皇學館のキャンパスを東から西に向けて撮影している。
①徴古館（明治42年竣功）、②神宮文庫（大正14年竣功）、③教室棟清明寮、
④事務室（大正8年竣功：現在の皇學館大学記念館）、⑤講堂（昭和3年竣功）、
⑥武道場、⑦精華寮（本科学寮：大正8年竣功）、⑧精華寮（昭和6年竣功：増築部）、
⑨清明寮（普通科学寮：昭和4年竣功）〈伊勢市神田久志本町・昭和初期・提供＝長谷川怜氏〉

皇學館大学は明治十五年、伊勢神宮（内宮）の林崎文庫に設置された「皇學館」を前身とする一四〇年以上の教育・研究の歴史を持つ大学である。皇學館の校舎は林崎文庫（内宮前）→宇治浦田町（現在の神宮道場の所在地）→宇治館町（現在の神宮工作所）と移転した後、大正七年に倉田山（度会郡浜郷村神田久志本：現在の伊勢市神田久志本町）へ移った。皇學館の歴史は、近代の倉田山の開発の歴史でもある。大正～現代に至る倉田山の移り変わりをたどってみたい。

**〈皇學館略史〉**

林崎文庫に設置された皇學館は、明治三十年に神宮皇學館と名称を変え、同三十六年には内務省管轄の下に神宮司庁内に置かれる官立専門学校となった。神宮皇學館本科の卒業生は官国幣社の宮司、権宮司に、専科卒業生は同禰宜以下に無試験採用され、一方では師範学校、中学校、高等女学校の国語科、日本史科教員の資格が無試験認定される教員養成の名門校でもあった。

昭和十五年、文部省が管轄する国立の神宮皇學館大学に昇格するが、敗戦後の同二十一年にGHQの「神道指令」に基づいて廃学となった。その後、卒業生や吉田茂をはじめとする政界関係者の尽力によって三十七年に私立の皇學館大学として再興した。

**〈倉田山の歴史〉**

倉田山は、明治三十年代までは山林であり何らの施設も存在しなかった。ここを明治三十～四十年代にかけて開発したのが神苑会である。同組織は、伊勢神宮の神苑や地域のインフラ整備を行うために設立され、倉田山に御幸道路を通し、神宮徴古館や撤下御物拝観所などを建設した。文教地区としての下地が明治期までに整えられ、大正期に至って皇學館が移動したことでさらに倉田山の開発が進め

られることになる。
大正期以降、倉田山には校舎をはじめ寄宿舎や講堂が次々に建てられ、グラウンドも整備された。また、大正十二年に御幸道路に面して倭姫宮が創建され、昭和元年には伊勢神宮の古典籍を収蔵する神宮文庫が倉田山に移転した。さらに、同十四年、伊勢に修養施設の設置を希望する貝島炭鉱社長貝島太一によって惟神《ゆいしん》道場が建設された（現在の皇學館大学9号館、体育館、芝生広場付近）。この道場には遥拝殿や講堂、食堂などがあり、全国から神職や青年団、教員などが集まって講習を行っていた。

昭和十五年以降、現在の皇學館中学校の位置に新グラウンドを、松尾山（現在のダイムスタジアム伊勢〈倉田山公園野球場〉）の位置に予科教室を設置する計画も立てられたが、神宮皇學館大学の廃学のため実現しなかった。なお、惟神道場や寮、校舎の一部は宇治山田空襲で焼失している。

**〈戦後の倉田山〉**

廃学後の皇學館の設備は昭和二十二年に創立した倉田山中学校の校舎として利用されたほか、同二十九年に開催された「お伊勢大博覧会」の会場になっている。神宮徴古館の裏手から御幸道路をまたいで橋が架かり、かつての惟神道場があった場所にいくつかのパビリオンが建てられた。

昭和三十一年に倉田山の北側に伊勢高等学校が設置され、さらに同三十七年に皇學館大学が再興すると翌年にはかつての寮の跡に皇學館高等学校が設立、五十四年に皇學館中学校が設立された。さらに四十七年には伊勢実業高等学校（現在の伊勢まなび高等学校）が倉田山の北東に移転してきたことで、倉田山には中学校二校、高等学校三校、大学一校の計六校が揃い現在に至っている。

（長谷川怜）

**神宮皇學館講堂**　法隆寺の夢殿を模した設計とも言われ、その形状から六角講堂または八角講堂と呼ばれる。大きな屋根には寺院建築のような鴟尾が取り付けられている。空襲にも耐えたが、戦後に火災で焼失し、現在は正面の石段だけが残っている。〈伊勢市神田久志本町・昭和初期・提供＝皇學館大学〉

**神宮徴古館**　現在も倉田山に建つ伊勢神宮の博物館。迎賓館や東京国立博物館表敬館などを設計した片山東熊の代表作の一つ。正面のドームは空襲で焼失したため現在は屋根の形状が異なっている。開館記念絵葉書。〈伊勢市神田久志本町・明治42年・提供＝長谷川怜氏〉

**昭和初期の御幸道路**　御幸道路を南から北に向けて撮影。画面左には徴古館が写っている。右側は皇學館のキャンパスで、斜面に沿って上がる先には神宮文庫があるが木立に隠れて写真には写っていない。ここに黒門が移築される昭和10年以前の撮影である。〈伊勢市神田久志本町・昭和初期・提供＝長谷川怜氏〉

**惟神道場の遥拝殿**　かつて倉田山（現在の皇學館大学芝生広場）に存在した惟神道場は空襲で焼失した。焼け残った1棟だけが内宮の饗膳所として移築され現存しているほか、石を積み上げた門は当時と同じ場所に残っている。皇學館大学再興時に地面が2メートルほど掘り下げられており、かつてここに道場の建築群があったことは想像できない。〈伊勢市神田久志本町・昭和14年・提供＝皇學館大学〉

遙拝殿　神宮皇學館惟神道場

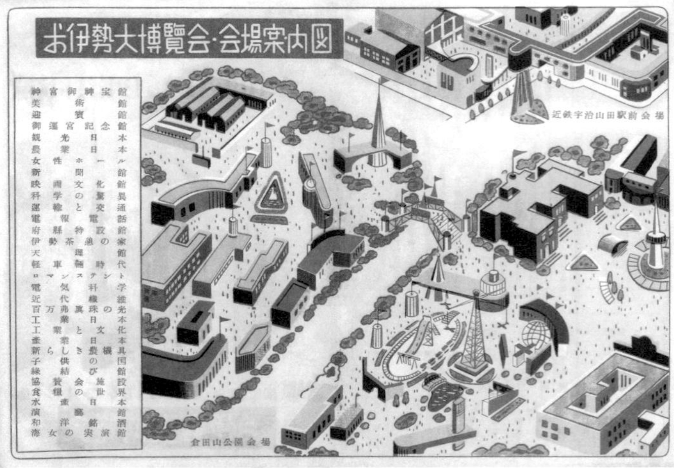


**お伊勢大博覧会のパンフレット**　昭和29年3～5月、前年の第59回式年遷宮を奉祝して宇治山田駅前、倉田山で開催された（主催宇治山田市、宇治山田商工会議所）。会場には、神宮御神宝館、美術館、御遷宮記念館、観光館、映画文化館、科学の驚異館、運輸と交通館などのパビリオンが建ち並び、縁結び館や百万ドル真珠の光館など、工夫を凝らした建物もあった。徴古館裏手から現在の皇學館の位置に橋が架かっている。〈昭和29年・提供＝長谷川怜氏〉

# 3 戦時下の伊勢志摩

昭和六年に起きた満洲事変以降、国内で国防の重要性が叫ばれる中、その影響は伊勢志摩地域にも及んだ。翌年には、敵国による空襲を想定した「神都防空防護演習」が宇治山田市（現伊勢市）で実施され、多くの市民を動員した。その後も防空演習はたびたび行われ、平時の日常生活においても戦時を意識する風潮が強まっていった。

　そのような中、昭和十二年に日中戦争が勃発し、終結の見通しが立たないまま、同十六年には太平洋戦争が始まった。緒戦では優勢であった日本軍も、戦局の悪化とともに戦線は後退し、玉砕（全滅）する部隊も出現した。中国大陸や東南アジアといった戦地へは、伊勢志摩地域出身の兵士も数多く出征し、犠牲となった。

　国内でも戦局悪化の影響を受け、昭和十九年秋頃から米軍による空襲が本格化した。同二十年一月十四日、宇治山田市は初めて空襲を受け、その際には伊勢神宮の外宮も被害を蒙った。これを受けて市内に陸軍の防空部隊が配備されたが、七月二十九日の大規模な空襲によって市内の約六〇％が消失し、多くの市民が被災した。

　さらに伊勢志摩地域では、連合軍の上陸に備え、本土決戦の準備が進められていた。宇治山田市内には陸軍の第一五三師団（護京師団）が配備され、その主力歩兵連隊は志摩半島に展開するなど伊勢湾への敵船侵入阻止と伊勢神宮の防衛に当たった。一方、海軍は水上・水中特攻部隊の基地を志摩半島に配備した。また、度会郡（現伊勢市小俣町）にあった明野陸軍飛行学校では、戦争末期になると教育と並行して頻繁に防空任務に就くようになり、加えて特攻隊も編制された。

　今年は終戦から八〇年を迎える。本書で紹介する古写真は、戦前・戦中のようすを伝える貴重な史料である。また現在も伊勢志摩地域には、本土決戦用陣地や空襲の傷跡といった戦争遺跡が数多く残っている。戦争経験者が減少する中で、こうした史料や戦争遺跡を通じて、戦争の記憶を後世に伝えていくことが必要であると思われる。

（扇野耕多）

**宇治山田駅前で整列する歩兵第三十三連隊**　久居（現津市久居新町）に兵営を置く歩兵第三十三連隊が、宇治山田駅前に整列するようすを写したもので、同部隊の在営記念アルバムに収められていた。写真の下には「参宮終点駅ト吾等ノ神宮参拝」と記載があり、おそらく満洲駐箚《ちゅうさつ》から帰還報告のために神宮参拝を行った際に撮影されたものであると考えられる。〈伊勢市岩渕・昭和6年頃・提供＝扇野耕多氏〉

**神都防空防護演習①**　昭和7年9月7日に宇治山田市（現伊勢市）で実施された神都防空防護演習での消火訓練のようす。本演習では焼夷弾が投下されたことを想定しており、市街を再現した張りぼての建物からは黒煙が上がっている。右下には傘をさして見物している市民の姿も確認できる。〈伊勢市内・昭和7年・提供＝扇野耕多氏〉

**神都防空防護演習②**　敵機の音を探知する「九〇式小空中聴音機」を写したもので、当時の新聞報道によれば、他にも高射砲や照空灯などの防空兵器が配備されていた。なお本演習のようすは、神都絵画研究会が演習本部から依頼を受けて写真撮影を行い、記念絵はがきの製作を行った。本書に掲載されている神都防空防護演習の写真は、この時に製作された絵はがきである。〈伊勢市内・昭和7年・提供＝扇野耕多氏〉

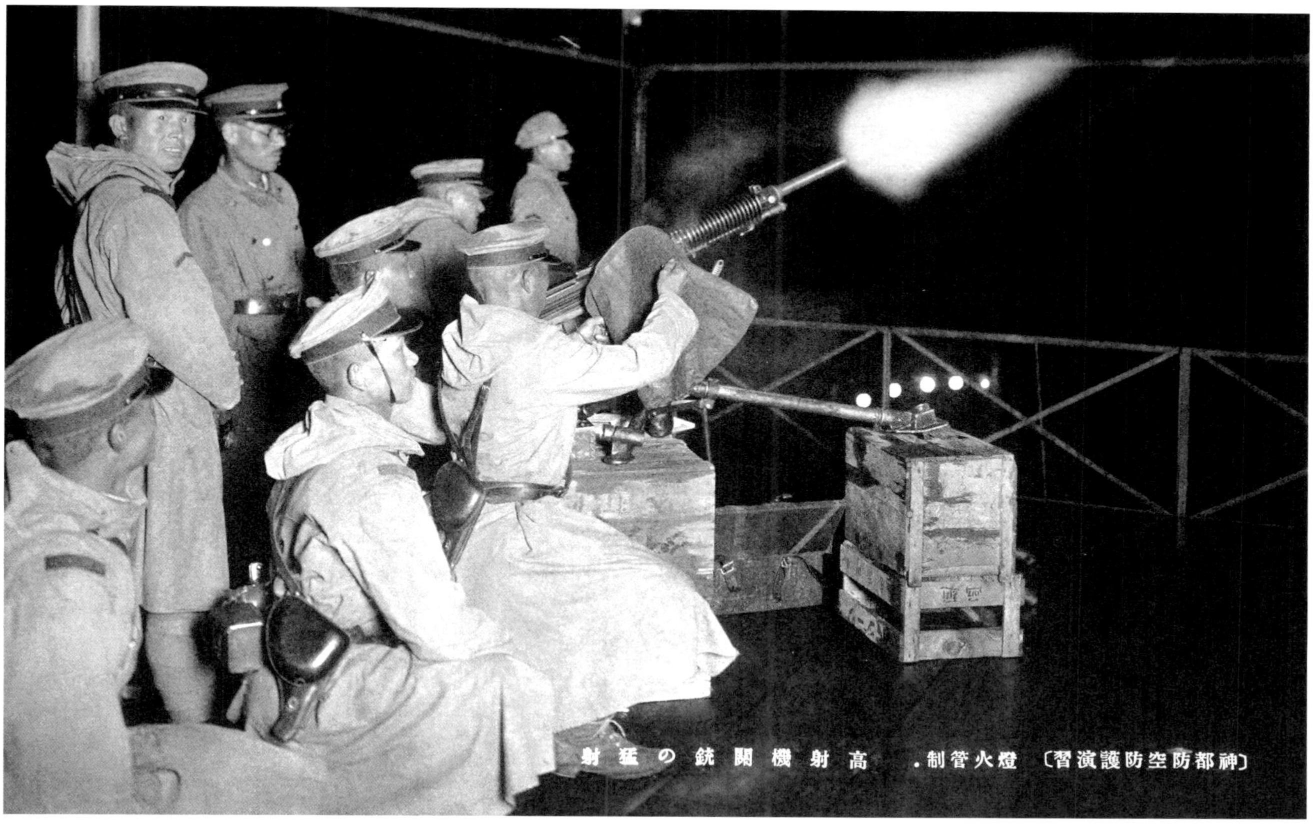


**神都防空防護演習③**　灯火管制下で上空に向けて高射機関銃を射撃する兵士。昭和7年9月8日の大阪朝日新聞三重版には、「高射機関銃隊は宇治如雪園、商品陳列所屋上、新道松本骨董店、勢南銀行に重機関銃各一台…（中略）…据ゑて敵機を撃滅せんと待機する」と記されている。〈伊勢市内・昭和7年・提供＝扇野耕多氏〉

**神都防空防護演習④**　防毒面（ガスマスク）やマスクを着用して救護訓練を行うようすを写したものである。当時の新聞報道によれば、神都防空防護演習では市内8カ所に毒ガス弾が投下されたという想定のもと訓練が実施され、毒ガスへの対処訓練も行われた。〈伊勢市内・昭和7年・提供＝扇野耕多氏〉

**出征前の集合写真①**　海軍の下士官とその親族を写した集合写真。昭和18年頃に撮影されたものと伝えられており、出征前の記念撮影と考えられる。〈伊勢市吹上・昭和18年頃・提供＝河中伸浩氏〉

**出征前の集合写真②**　出征前に一志久保町（現一志町）の飲食店・末よし屋の前で撮影された集合写真。中央の軍服姿の男性が出征者である。〈伊勢市一志町・昭和12年頃・提供＝小川和美氏〉

**出征幟《のぼり》**　末よし屋の外観を写したもので、「祝出征」と書かれた幟が建物を囲んでいる。この幟は「出征幟」と呼ばれ、出征者に対して知人や職場、地域の人びとが激励するために贈った。〈伊勢市一志町・昭和12年頃・提供＝小川和美氏〉

**出征前の集合写真③**　出征者とその親族を写した集合写真。前列左の少年が持つ日章旗には、「武運長久」と出征者に対する寄せ書きが記されている。〈玉城町坂本・昭和20年頃・提供＝水﨑恒治氏〉

**出征前の集合写真④**　正装した陸軍准尉とその親族を写した集合写真。後方には「出征幟」が立てられており、出征前の記念撮影と考えられる。〈度会町栗原・昭和12年・提供＝岡谷昌行氏〉

**磯部国民学校前での集合写真**　小銃などを持っていることから、おそらく学校教練（軍事教練）が行われた際に記念に撮影されたものと考えられる。〈志摩市磯部町恵利原・昭和16年・提供＝山路宗平氏〉

**徴兵検査①**　徴兵検査の受験者を撮影した写真。日本では、明治6年の徴兵令により、満20歳を迎えた男子は徴兵検査を受け、兵役につくことが義務とされた。昭和2年には兵役法に変わるなど、制度的変遷はあったが、国民皆兵の原則は維持強化された。検査は、体重、身長、視力などが細かく調べられ、甲種、乙種、丙種といった検査の合格者から軍の必要とする人数が抽選で選ばれ現役兵に採用された。〈伊勢市朝熊町・昭和7年・提供＝橋本理市氏〉

**徴兵検査②**　当時、徴兵検査が晴れ舞台とされていたためか、紋付き袴などを着用している受検者の姿も見られる。津連隊区徴兵官が昭和５年に発行した「徴兵検査受検者へ注意」には、服装について「質素清潔で、きちんとした服装をすること。はれの場所であるからとて、兎角衣服を新調したがる斯様なことは止めたいものだ。家に持って居る内で適当なものをきるがよろしい。学校其他の制服とか青年訓練所又は青年団の服なら最もよろしい」と記されている。〈志摩市磯部町下之郷・昭和8年・提供＝古田儀之氏〉

**夫婦岩前での記念撮影**　終戦間際に夫婦岩前で撮影された写真。「軍隊の時の唯一の思い出」の添え書きとともにアルバムに収められていた。〈伊勢市二見町江・昭和20年・提供＝榊原一典氏〉

**明野陸軍飛行学校空中写真①**　明野陸軍飛行学校創立７年目の記念に撮影されたと思われる飛行学校の空中写真。左上に写る三角屋根が特徴的なモダンな建物は大正11年に建てられた将校集会所で、現在も陸上自衛隊明野駐屯地航空学校内に現存しており、資料館として活用されている。〈伊勢市小俣町明野・昭和６年・提供＝扇野耕多氏〉

**御真影奉安所と明野陸軍飛行学校本部**　明野陸軍飛行学校は、大正９年に航空学校空中射撃班として発足し、翌年には航空学校明野分校に昇格、同13年に明野陸軍飛行学校として独立した。主に戦闘機の戦技教育を行ったが、太平洋戦争開戦後の昭和19年には明野教導飛行師団に改編され、教育と並行して防空任務に就くようになり、戦争末期には特攻隊も編制された。写真に写る本部は同２年に落成し、御真影奉安所は７年に竣工した。〈伊勢市小俣町明野・昭和７～19年・提供＝扇野耕多氏〉

**明野陸軍飛行学校空中写真②**　明野陸軍飛行学校の上空東側から西側を写した空中写真。整列された複葉機の近くには格納庫などの建物が確認できる。〈伊勢市小俣町明野・昭和初期・提供＝扇野耕多氏〉

**九一式戦闘機**　明野陸軍飛行学校内で撮影された九一式戦闘機。昭和6年に陸軍に採用された戦闘機である。また、当時は国民からの献金によって製作された陸軍軍用機を「愛国号」と称しており、九一式戦闘機も数多く献納された。県内では、実業家・川喜田久太夫が「愛国第八号（川喜田）機」として九一式戦闘機を献納している。〈伊勢市小俣町明野・昭和6～19年・提供＝扇野耕多氏〉

**忠魂塔**　明野陸軍飛行学校に関連する殉国者の顕彰や、太平洋戦争の目的を完遂するために建立された忠魂塔。「忠魂」の2字は明野陸軍飛行学校校長を務めた徳川好敏が揮毫した。また、忠魂塔と並行して木造の加藤武夫軍神像も製作され、昭和17年12月8日にこれらの除幕式および慰霊祭が挙行された。〈伊勢市・昭和17年・提供＝扇野耕多氏〉

**児童夏季保養所①**　昼食のようすを写したもの。夏季休暇中、宇治山田市内の一部児童が、体格や運動能力、健康状態などの向上を目的として、今一色で約3週間過ごした。自ら体が弱いと思う者が志願したという。なお、昭和14年は今一色尋常高等小学校で宿泊している。〈伊勢市二見町今一色・昭和17年頃・提供＝西川滿氏〉

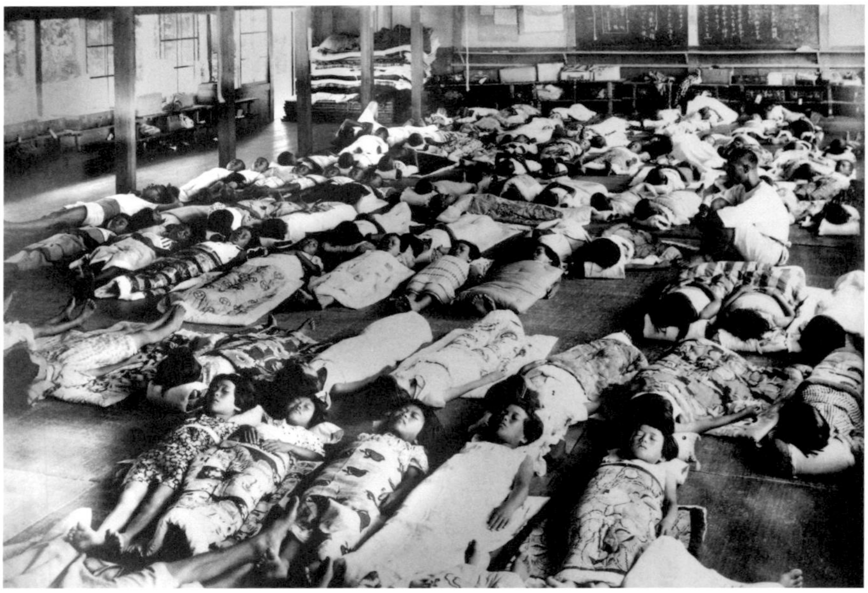

**児童夏季保養所②**　昼寝の時間。昭和14年度の保養所の日課表によれば、12時30分から昼寝、14時30分から海水浴が行われている。このほか、学習や散歩に加え、童話、唱歌、レコード鑑賞、紙芝居、魚釣りなどの娯楽もあった。〈伊勢市二見町今一色・昭和17年頃・提供＝西川滿氏〉

**内宮で武運長久を祈願する鵜方遺家族会**　日中戦争の武運長久を祈願するため、内宮に参拝した鵜方遺家族会の集合写真。昭和16年10月22日、津市阿漕町において中野与喜郎三重県知事を祭主として「支那事変県戦没将士慰霊祭」が執り行われ、翌日には久居（現津市久居新町）の歩兵第三十三連隊練兵所で合同告別式が行われた。この写真は、これらの慰霊祭や告別式に参加後に撮影されたものと思われる。〈伊勢市宇治館町・昭和16年・提供＝前田敏道氏〉

**大日本国防婦人会**　鵜方小学校前で撮影した大日本国防婦人会の集合写真。昭和7年に大日本国防婦人会が設立されると、県下でも同10年に三重地方本部が組織された。主に出征兵士、戦死者の送迎や慰問などの活動が行われ、17年には県下の会員数が約22万人に達した。〈志摩市阿児町鵜方・昭和10年代・提供＝中嶋信也氏〉

**田丸における金属類回収**　金属類回収令によって、全国各地から軍需物資の原料となる金属類が供出された。この写真は、田丸町での金属回収のようすを写したもので、回収の対象が梵鐘から鍋などの日用品にまで及んでいたことがうかがえる。〈玉城町田丸・昭和18年・提供＝玉城町教育委員会〉

**宝泉寺における仏具供出**　金属類回収令の影響は寺院にも及んだ。この写真は、度会郡の宝泉寺において仏具供出の際に撮影したもので、手前に並ぶ灯立や香炉などが供出されたものと思われる。〈度会町五ケ町・昭和18年・提供＝岡谷昌行氏〉

**空襲後の宇治山田市街①**　昭和20年7月29日午前1時から約1時間にわたって行われた空襲により、宇治山田市内は大きな被害を受けた。この写真は、戦後間もない頃に現在の近鉄宮町駅付近、参宮線側の踏切の南側を撮影したものである。大鳥居は形を留めているが、道の両側は戦災の跡が色濃く残っている。〈伊勢市宮町・昭和20年・提供＝牧戸和男氏〉

**空襲後の宇治山田市街②**　昭和20年7月29日の空襲により瓦礫と化した宮町周辺を写したもので、写真右側に残っている建物が亀谷病院、その隣が道具辰商店。この空襲で宇治山田市内の約6割が焼失し、焼失家屋4,859戸、死者75人、負傷者117人の被害となった。〈伊勢市宮町、常磐・昭和20年・提供＝牧戸和男氏〉

**空襲後の宇治山田市街③**　道具辰商店の2階から焼け野原となった浦之橋通りを写している。今社の玉垣と思われるものが確認できる。〈伊勢市宮町、常磐・昭和20年・提供＝牧戸和男氏〉

**戦没者の葬列**　旧鳥羽小学校校舎の校門を通過する隊列は、ガダルカナル島で戦死した陸軍上等兵の町葬の列である。千人針を腹に巻き付け「国の大事に殉ずる」と戦地に出征していった。武運長久を祈っていた家族のもとに白木の箱で帰還してきた。先頭の青年団員が遺影を持ち、遺骨が収められた白い布に包まれた箱を厳かに首から下げた青年団長が続く。その両脇には銃剣で護衛する軍人。戦況が悪化する中、戦死者の霊魂は靖国神社に祀られるとして、国は国民に士気高揚を求めた。〈鳥羽市鳥羽・昭和18年・提供＝林友次郎氏〉

# 子どもたちの見た伊勢

## ―戦前期の修学旅行のまなざし

**修学旅行記念スタンプ**　昭和10年代の記念スタンプ帳に押印された各種スタンプ。趣向を凝らしたデザインである。今は存在しない二見のロープウェーも描かれている。
〈昭和10年頃・提供＝長谷川怜氏〉

修学旅行は、明治十九年に東京高等師範学校が実施した「長途遠足」がその始まりであるとされ、千葉県の佐倉や成田不動などを巡った。明治中期以降、各地で鉄道インフラが整備されると、徒歩だけでは不可能であった遠方への旅行という非日常経験をすることができるようになった。各鉄道会社が団体割引のサービスを開始すると、全国に修学旅行が普及していった。

明治維新後、伊勢神宮は国家祭祀の中心に位置付けられた。明治天皇は史上初の伊勢参宮を行った天皇となり、一般の国民にも神宮参拝が奨励された。大正～昭和初期にかけて、現在の近畿日本鉄道（近鉄）の前身となる鉄道会社（大阪電気軌道や参宮急行電鉄、奈良電気鉄道など）が伊勢神宮、橿原神宮、桃山御陵といった皇室ゆかりの神社や天皇陵など当時「聖地」と呼ばれた場所を結ぶ路線を次々に建設すると、修学旅行の行き先に「聖地」が加えられるようになった。とりわけ伊勢は多くの修学旅行生を集め、児童・生徒に敬神崇祖の念を強く抱かせることが目指された。修学旅行は毎年繰り返し行われる学校行事であり、安定的な収入をもたらすビジネスチャンスでもあった。宇治山田市内には旅館や土産物店が建ち並んだ。

最初に修学旅行生数が記録された大正十年に

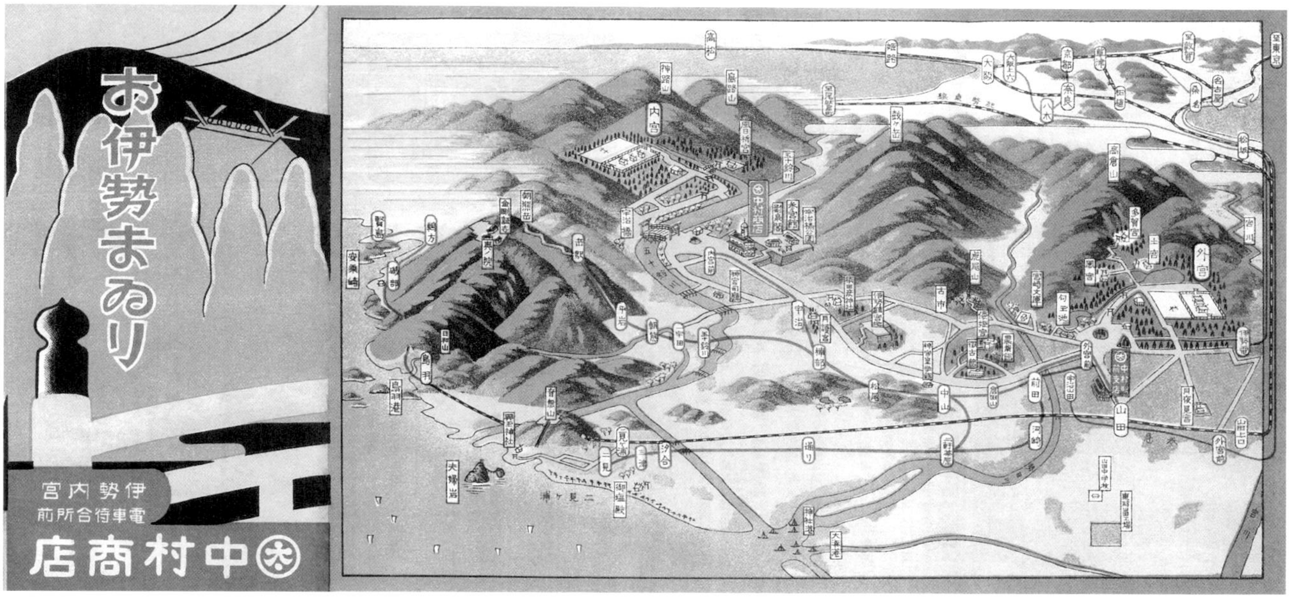


**パンフレット「お伊勢まいり」** 内宮前の土産物店・中村商店が昭和10年代に発行したパンフレットには伊勢の鳥瞰図が掲載されている。今は存在しない市電や朝熊山のケーブルカー、外宮前の「大神宮前駅」（伊勢電鉄）などが描かれ、当時のようすがよく分かる。
〈昭和10年代・提供＝長谷川怜氏〉

**名古屋からの伊勢修学旅行** 昭和初期に行われた名古屋市内の小学校による伊勢修学旅行。内宮の宇治橋前で撮影されている。〈伊勢市宇治館町・昭和5～15年頃・提供＝長谷川怜氏〉

は内宮二〇万六八七三人、外宮二七万五五五人であったが、戦前期最高の人数を記録した昭和十四年には内宮一〇四万一九〇六人、外宮一一五万八二二七人という膨大な人数が伊勢を訪れた。

東京の小学校では、伊勢修学旅行のための積み立て貯金が入学時から行われていた記録が残っている。

それでは、実際に行われた修学旅行の旅程とはどのようなものだったのだろうか。数々の修学旅行の一事例として、昭和十四年二月六日～九日（第二班は七日～十日）に群馬県下の二十一校の小学校が行った修学旅行の栞から旅程を紹介する（別表）。

日数としては四日であるが、宿に泊まるのは一日だけで、あとは車中泊という強行軍であったことが分かる。

（長谷川怜）

**〈旅程〉**
**群馬県から伊勢への修学旅行**

**昭和14年2月6日**

| | |
|---|---|
| 18：55 | 安中駅ほか群馬県内の最寄り駅発 |
| 22：25 | 東京駅経由〈車中泊〉 |

**2月7日**

| | |
|---|---|
| 8：48 | 山田駅着、外宮参拝 |
| 10：30 | 内宮着、参拝 |
| 14：00 | 二見着 |
| 16：00 | 山田市内〈旅館泊〉 |

**2月8日**

| | |
|---|---|
| 5：50 | 山田駅発 |
| 7：40 | 畝傍御陵前着、神武天皇陵参拝、橿原神宮参拝 |
| 9：05 | 橿原神宮駅発 |
| 9：50 | 奈良駅着、興福寺、春日大社、東大寺参拝 |
| 14：03 | 奈良駅発～八木駅～山田駅経由〈車中泊〉 |

**2月9日**

| | |
|---|---|
| 5：40 | 東京駅経由 |
| 9：40 | 安中駅着 |

**参宮記念「神都の風景」** 戦前期の伊勢の名所の16景を集めた彩色写真帖。伊勢を訪れた修学旅行生や観光客が購入した。神宮をはじめとして、二見浦の夫婦岩、宮川堤の桜、海女の潜水などの名所や見どころを収めている。〈提供＝長谷川怜氏〉

# 第II部

国鉄伊勢市駅前で折り返した神都線。奥に伊勢市駅の駅舎が見える。〈伊勢市本町・昭和35年・提供＝伊勢市〉

「平成の大合併」前の伊勢志摩の市町（平成 16 年 4 月）

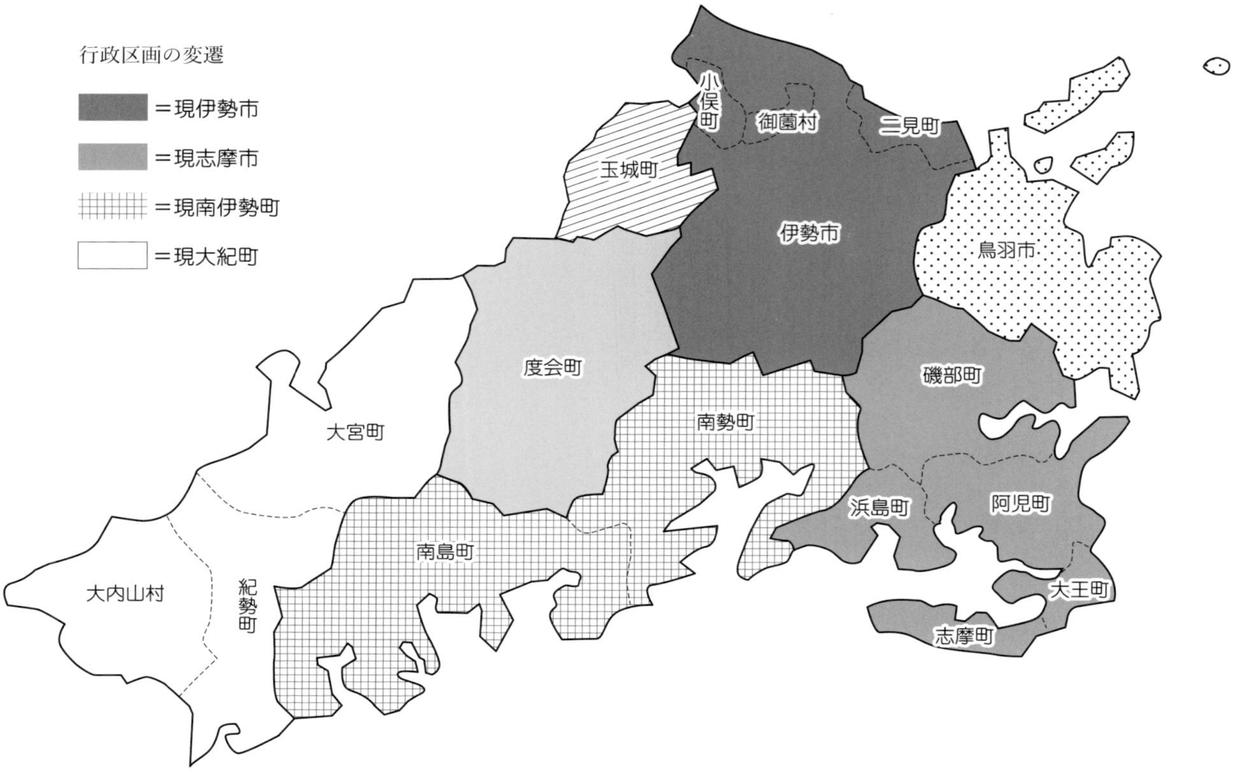


## 平成の大合併前の年表・伊勢志摩

| | | | |
|---|---|---|---|
| 伊勢市 | | 昭和 30 年 | 宇治山田市が度会郡豊浜村・北浜村・城田村・四郷村・沼木村を合併し、名称を伊勢市に変更 |
| 度会郡 | 二見町 | 明治 41 年 | 東二見村・西二見村が合併して発足 |
| | 御薗村 | 明治 22 年 | 高向村・長屋村・新開村・王中島村・上條村・小林村が合併して発足 |
| | 小俣町 | 昭和 3 年 | 小俣村が町制を施行して発足 |
| | 玉城町 | 昭和 30 年 | 田丸町・東外城田村・有田村の一部を合併して発足 |
| | | 昭和 31 年 | 下外城田村を編入 |
| | 度会町 | 昭和 30 年 | 小川郷村・内城田村・一之瀬村・中川村が合併して度会村が発足 |
| | | 昭和 43 年 | 町制施行して度会町となる |
| | 南勢町 | 昭和 30 年 | 五ヶ所町・穂原村・南海村・宿田曽村および神原村の一部が合併して発足 |
| | 南島町 | 昭和 30 年 | 吉津町・島津村・鵜倉村・中島村が合併して発足 |
| | 大宮町 | 昭和 31 年 | 滝原町・七保村が合併して発足 |
| | 紀勢町 | 昭和 32 年 | 柏崎村と北牟婁郡錦町が合併して発足 |
| | 大内山町 | 明治 22 年 | 町村制の施行により単独で発足 |
| 鳥羽市 | | 昭和 29 年 | 志摩郡鳥羽町・加茂村・長岡村・鏡浦村・桃取村・答志村・菅島村・神島村が合併して発足 |
| 志摩郡 | 磯部町 | 昭和 30 年 | 磯部村・的矢村および神原村の一部が合併して発足 |
| | 阿児町 | 昭和 30 年 | 鵜方町・神明村・立神村・志島村・甲賀村・国府村・安乗村が合併して発足 |
| | 浜島町 | 大正 8 年 | 浜島村が町制を施行して発足 |
| | 志摩町 | 昭和 29 年 | 和具町・片田村・布施田村・越賀村・御座村が合併して発足 |
| | 大王町 | 昭和 29 年 | 波切町・船越村・名田村が合併して発足 |
| | | 昭和 31 年 | 畔名村を編入 |

# 4 懐かしき風景

近代以降の伊勢志摩地域の風景（景観）の変遷を段階に分けて見てみたい。

第一段階は明治中期～大正初期である。御幸道路の建設は、伊勢の交通や生活空間の変化をもたらした。また明治～昭和にかけて鉄道各社が伊勢へ鉄道を延伸し、沿線開発が行われた。

第二段階は大正後期～昭和初期であり、宇治山田市を拡大・発展させる「大神都聖地計画」が国策として実施されることが決定した。計画範囲は多岐にわたり、地域の風景を一変させるはずであったが、戦争の影響で未発に終わる。大規模開発は行われなかったが、郊外の宮川や市街の中心部を外れた船江などには紡績工場が建設され、勢田川の河口では港湾整備が行われ、大湊や神社港には造船所が軒を連ねるなど、近代産業の発展が地域の風景を変えた。一方、都市化と人口増加は耕地面積の減少を招いた。

第三段階は占領期である。戦時中、宇治山田市は複数回の空襲を受け、市内の六割が焼失した。戦後の戦災復興はかつての大神都聖地計画を骨子とし、街路整備や区画整理が進められた。昭和二十六年に外宮と内宮を結ぶ幹線・御木本道路が完成したことは市内交通ルートの一つの画期であった。

第四段階は高度成長期～昭和末期である。経済発展は伊勢・志摩の道路建設を促進し（「交通の発展」の章参照）、ホテルや水族館、体育館などの建設で地域の風景は大きく変化した。志摩方面では住宅地化が進んだ一方、従来の自然が失われる新しい問題も発生した。消費拡大は一九六〇年代頃から大型店舗の進出を招き、七〇年代には郊外型ショッピングセンター建設が行われ、町の風景というよりも人びとの日常生活の動線を変えた（「まちかど逍遥」の章参照）。

勢田川の護岸改修も忘れることはできない。昭和四十九年の豪雨（七夕災害）を受け、翌年から浚渫や川幅の拡張、護岸建設が行われた。都市の安全性を高める一方、蔵が川沿いに建つ古くからの風景は徐々に姿を消していった。

平成期における風景の変化には、平成六年の志摩スペイン村開園や、伊勢市内の東洋紡績伊勢工場の閉鎖と跡地でのミタス伊勢開業（同二十年）、山田赤十字病院の移転（同二十四年）などがある。戦前～昭和戦後期の建築物の消失は近年著しく、平成から令和にかけて新たな変化の段階に入ったといえるかも知れない。

（長谷川怜）

**伊勢市駅前①** 「歓迎　お伊勢参道」の大きなアーチが見え、昭和36年に開店した衣料品デパート・伊勢オカダヤが開店記念謝恩大売り出しの真っ最中。アーチが架かる道は神宮参道、現在の外宮参道だが、道沿いに木造3階建ての建物が軒を連ねていたかつての旅館街の面影はない。〈伊勢市吹上・昭和36年・提供＝山本幸平氏〉

**伊勢市駅前②**　写真の「お伊勢参道」は、伊勢市駅南口から豊受大神宮（外宮）へ向かう。本書の27頁に掲載した写真（駅前通りの旅館街）で紹介したように、この通りには多くの旅館が建っていた。〈伊勢市本町・昭和40年代初期・提供＝伊勢市〉

**伊勢市駅前の大鳥居①**　古来、お伊勢参りは外宮から参拝するものとされ、伊勢市駅は明治30年に山田駅として開設されて以降、神宮参拝の玄関口となった。大鳥居は昭和31年に「経営の神様」として有名なパナソニック創業者・松下幸之助が寄進し、参道入口に建てられていた。〈伊勢市本町・昭和30年代・提供＝伊勢市〉

**伊勢市駅前の大鳥居②**　松下幸之助が寄進した鉄筋コンクリート造の堂々たる大鳥居の前でパチリ。道路拡幅工事に伴い、同63年に惜しまれながら取り壊されるまで、神宮参道の目印となっていた。〈伊勢市本町・昭和38年頃・提供＝中村昭氏〉

**本町の周辺**　通りの右側に見える食堂喫茶・若草堂が建つ先、交差点を左右に走る道が、国鉄参宮線伊勢市駅から外宮へ続く神宮参道である。参道は平成18年から「外宮参道」の愛称となっている。若草堂は現在も伊勢うどんの店として営業している。屋上の鉄塔は、一時は伊勢市役所仮庁舎としても使われた商品陳列所（103頁参照）の屋上にあったスピーカーである。〈伊勢市本町・昭和30年代後半・提供＝伊勢市〉

**八日市場町の通り**　当時の消防車と一緒に。写真右に懐かしい丹頂型の電話ボックスが見える。八日市場町は参宮街道沿いに栄えた町である。〈伊勢市八日市場町・昭和36年・提供＝榊原一典氏〉

**帝国座前の路地**　一之木の中央公園の南側の通り。帝国座（27頁の上写真）を背にして西向きに写した。右奥にトリスバーや加藤漢方堂の看板が見える。その手前には辰巳温泉があった。左側には飲食店の金水。この道をまっすぐ進むと大世古庚申堂がある。〈伊勢市一之木、大世古・昭和35年頃・提供＝伊勢市〉

**県道37号沿いの新道商店街**　写ってはいないが左側に尼辻の交差点がある。右に進めば月夜見宮。左端に写るミシンの修理や販売を行うドレスミシン商会は、昭和21年創業の老舗である。バイクの運転手はヘルメットをかぶっていないが、当時はまだ法律でヘルメット着用が義務付けられていなかった。ヘルメット着用義務は同40年から段階的に進められていった。〈伊勢市大世古・昭和30年代・提供＝伊勢市〉

**雪景色の曽祢本通の交差点**　写真右方向に進むと伊勢慶友病院に至る。道路沿いには左から、あかちゃんの家具アズマ、田中病院が並ぶ。右端には懐かしの丹頂型電話ボックスが見える。田中病院は大正11年からこの地で医療を行ってきたが、平成30年に伊勢田中病院として大世古へ移転する。〈伊勢市曽祢・昭和38年頃・提供＝大羽弘子氏〉

**一之木の交差点**　左側に月夜見宮があり、右側には伊藤青果市場、奥へ進むと厚生小学校である。交差点にはまだ信号機が設置されていない。〈伊勢市一之木、宮後・昭和35年・提供＝伊勢市〉

**近鉄宮町駅の周辺**　当時の駅前（南側）のようす。ほとんどが空き地であり、左端に見えるのが駅舎。駅開設は昭和5年、当初は外宮前駅の名称であった。翌年に宇治山田駅が開業し、そちらが外宮参拝の入口となった。現在は横浜ゴム三重工場への最寄り駅となっている。〈伊勢市御薗町高向・昭和33年・提供＝伊勢市〉

**辻久留の三差路**　写真右、道沿いには「うどん・めし 西洋料理 一福」の看板が見える。建物前にはバス乗り場があり、数人がバスを待つ。辻久留1丁目のキッチンたきがわのある辺りで、現在のようすからは三差路があったことはうかがえない。〈伊勢市辻久留・昭和34年・提供＝伊勢市〉

**河崎の河辺の蔵と船**　かつては問屋街として栄え、「伊勢の台所」と称された河崎。現在は酒問屋を保存・再生した「伊勢河崎商人館」が観光拠点となっている。写っている船は愛知県碧南市の大浜から杉浦商店のカネニ味噌を寺田商店に運んできた「辰吉丸」。船上にいる子どもらは、酸欠で浮いてくる淡水魚のフナやメダカをすくって遊んでいる。昭和49年の七夕豪雨以降、川の護岸が改修された。工事後の川にはボラやクロダイなどの海水魚も多く見られるようになったという。〈伊勢市河崎・昭和30年頃・提供＝中川正氏〉

**河崎の町並み**　左手前の店は箱の商いをしていた。オート三輪に積んでいるのは生姜糖用の箱。これから取引先へ箱を納めにいくところである。写真右が中橋方向である。〈伊勢市河崎・昭和20年代・提供＝阿竹悌一氏〉

**旭ヶ丘通りの風景**　道は未舗装であるが、比較的整備されているようだ。両端にフタのない側溝があり、板塀のある家が続く。昭和の時代、よく見られた懐かしき町の情景である。〈伊勢市浦口・昭和29年・提供＝家田繁男氏〉

**桜ヶ丘団地の造成**　内宮方面に向かって写しており、奥には島路山を望む。高度経済成長のまっただなかの昭和37年にこの団地の造成は始まり、同39年に完成した。誰もがマイホームに憧れる時代だった。〈伊勢市中村町・昭和38年頃・提供＝伊勢市〉

**二見の夫婦岩にて**　古来の伊勢参拝はまず「浜参宮」として二見浦で禊をし、神宮へ参るのが習わしであった。夫婦岩は海中に鎮座する興玉神石及び日の大神を遥拝するための鳥居で、二見興玉神社は興玉神石を拝する神社である。夫婦岩は写真の頃すでに人気の撮影スポットであった。〈伊勢市二見町江・昭和37年・提供＝個人蔵〉

**ミカン山からの眺望**　写真に写る川は野川。川辺から穴川、下之郷地区のパノラマである。磯部町一帯ではミカンが一時期手広く栽培され、ミカン山などの呼称が残る。〈志摩市磯部町恵利原周辺・昭和50年・提供＝古田儀之氏〉

**鵜方駅前通り①**　近鉄鵜方駅の南側で国道167号が整備中である。昭和4年の鵜方駅開業当時は駅北に道路ができ商店街となったが、南側は水田地帯であった。駅北が混雑するようになり、対策として鵜方駅前土地区画整理事業が着手され駅南が開発される。写真の年に完工し、駅周辺は志摩の玄関口として発展していく。〈志摩市阿児町鵜方・昭和41年・提供＝井上博暁氏〉

**鵜方駅前通り②**　上写真と同位置、同方向の眺めだが、約四半世紀経ち見違える。現在ではさらに変貌し、写真左の一番高いふみやビルは残っているが、その隣のカメラのマエダは移転するなど店舗は減り、うがたファミリープラザといった大型施設等が建てられている。〈志摩市阿児町鵜方・平成3年・提供＝井上博暁氏〉

**池田橋**　南詰より見ている。以前あった木橋が昭和41年の水害で落橋し、同43年にコンクリート造で架け替えられた。後に拡幅され、現在の橋は平成19年に架橋された。〈志摩市磯部町穴川・昭和49年・提供＝古田儀之氏〉

**長崎橋周辺**　長崎川は伊雑ノ浦に注ぐ準用河川。道路は伊雑ノ浦の岸に沿って走る県道16号南勢磯部線。磯部町と南伊勢町を結ぶ主要地方道で、令和2年に道路拡幅工事が完成している。〈志摩市磯部町下之郷・昭和49年・提供＝古田儀之氏〉

**旧五知駅から見た五知集落**　五知は平家の落人伝説が残り、円空が立ち寄り円空仏を残すなど歴史ある地区。五知駅は平成5年に複線化したことにより、駅を賢島駅寄りへ移転している。〈志摩市磯部町五知・昭和62年・提供＝古田儀之氏〉

**建設中の汐見成団地**　広々とした敷地に団地の造成が進む。写真が撮影されたのは昭和46年で、およそ2年後の48年度に汐見成団地の第1号が完成を迎える。令和6年12月現在の志摩市の人口は約4万4,000人だが、昭和48年頃は6万人を超えていた。〈志摩市浜島町浜島・昭和46年・提供＝柴原千歳氏〉

**松浪湯と浜島の町並み**　風呂上りのほっとした表情の女性が出てきたのは、浜島でおなじみの銭湯・松浪湯（右の建物）。英虞湾の湾口に位置し熊野灘にも面する浜島は、遠洋漁業や海女漁などで栄えた。銭湯の湯船に浸かりながら漁の取れ高について語り合う姿がよく見られたという。令和6年に取り壊され、現在は空き地となっている。〈志摩市浜島町浜島・昭和53年頃・提供＝柴原千歳氏〉

**平和劇場と雑貨屋の前にて**　スモックを着た園児らがいるのは、海がすぐそばにある映画館・平和劇場とその隣の雑貨屋の前。駄菓子を買いに来たのだろうか。壁にはペプシコーラの宣伝看板、窓には映画ポスターが見える。平和劇場は日活、大映、松竹などの映画を上映していた。劇場は昭和50年頃に閉館し、その後はスーパーのサンパールに変わったが、同店も閉店している。〈志摩市浜島町浜島・昭和46年・提供＝柴原千歳氏〉

**いざ宴会へ出勤**　和服姿の女性らが道を行く。遠洋漁業で栄えた浜島では漁業関係者らが旅館やホテルで団体の宴会をよく開いた。写真の女性たちは宴会のお手伝いに向かうコンパニオンたち。浜島の中でも目戸山地区は繁華街として大いに賑わっていた。写真左の電柱の看板「宝来荘」も著名な旅館の一つで、放浪の画家・山下清が滞在したことでも知られる。〈志摩市浜島町浜島・昭和48年・提供＝柴原千歳氏〉

**真珠筏の浮かぶ風景**　真珠養殖の筏がひしめく英虞湾は、真珠養殖発祥の海である。明治26年に御木本幸吉が半円真珠の養殖に成功し、大正５年には浜島真珠組合が設立されている。写真右方向が御座で、中央やや右の白い建物はホテルジャンボクラブ志摩。〈志摩市浜島町塩屋・昭和48年・提供＝井上博暁氏〉

**御座の黒森を望む**　浜島より英虞湾を挟み対岸の御座を見ている。浜島港と志摩半島の先端に位置する御座港とを結ぶ線が英虞湾の入口となっており、浜島港は遠洋漁業の基地として発展してきた。写真右奥の島のように見える山が、沖から帰る船の目印になっていた御座の黒森である。〈志摩市浜島町浜島・昭和41年・提供＝井上博暁氏〉

**波切の街並み**　伊勢志摩には、漁港の背後に山が迫り、坂道が入り組む集落が多い。写真の家並には海からの強風を防ぐ石垣が目に付く。波切にはかつて「波切の石工」として高名な石垣師たちがいた。高台には大王埼灯台が見え、漁港から灯台への坂道には真珠の土産物店や奥志摩観光センターなどが建っている。〈志摩市大王町波切・昭和50年・個人蔵〉

**日和山エレベーター**　国鉄鳥羽駅の前へ昭和9年に建設された、日和山の山頂展望台に続く観光エレベーターである。駅から出た観光客らは、エレベーターの観光タワーと食堂兼土産物屋・森井商店の大きな建物がまず目に入る。鳥羽における観光の幕開けともいわれた施設であった。〈鳥羽市鳥羽・昭和40年代前半・提供＝岩本貢氏〉

**日和山エレベーターからの眺望**　北東を見ており、眼下に国鉄鳥羽駅を望む。写真右側に転車台があり、参宮線を走る蒸気機関車も写る。観光エレベーターは、観光客はもとより、地元住民にも遠足や小旅行の場になった。人気を博し賑わっていたが、昭和49年に火災で被害を受け解体された。〈鳥羽市鳥羽・昭和30年代頃・提供＝岩本貢氏〉

**神鋼電機鳥羽工場**　起源は明治11年創立の鳥羽造船所で、後に神戸製鋼所として電機専業メーカーとなるが、終戦を迎えると軍需工場はGHQ（連合国軍最高司令官総司令部）により閉鎖された。そんななか鳥羽工場は、業界で最も早い時期に民需転換の許可を得て再開。昭和24年に神鋼電機となり、平成21年にはシンフォニアテクノロジーと改称する。〈鳥羽市鳥羽・昭和40年代・提供＝岩本貢氏〉

**縁期《えごの》松**　県内屈指の老舗料理旅館・戸田家鳥羽別館の南側は海浜で、そこの小島に「縁期松」または「波越の松」と呼ばれる松の大木があった。写真は御木本幸吉が植樹したといわれる二代目の松である。現在、周囲は埋め立てられ佐田浜西公園となっているが、公園内で三代目「縁期松」が今も枝を伸ばしている。〈鳥羽市鳥羽・昭和30年代頃・提供＝岩本貢氏〉

**加茂干拓地全景**　農林省干拓事業の堤塘工事が完了した頃のパノラマ写真である。加茂川下流の埋め立ては、明治期に実業家・緒明菊三郎が着手したが頓挫し、戦後になって昭和29年に農林省が再開。10年を経て完工し、写真の堤の奥はすべて埋立地となる。〈鳥羽市大明西町・昭和29～39年・提供＝寺﨑俊幸氏〉

**相差漁港周辺の風景**　ホテル松浪から写した写真である。相差漁業組合や民宿、旅館の向こうに太平洋を望む。相差は古くから続く海女と漁師の港町である。〈鳥羽市相差町・昭和59年・提供＝個人蔵〉

**伊勢地方の原風景**　刈り取りを終えた田んぼにて、伊勢たくあんの大根が架けられている。地域は平坦地が多く気候も温暖で、水稲が長らく農業の主体であった。戦後は宮川を挟んだ伊勢市の産物・御薗大根を作る農家が増え、稲架《はさ》で大根を干す風景が冬の風物詩であったという。〈玉城町原・昭和45年頃・提供＝前田和代氏〉

**菅島の町並み**　道端には漁網が干されている。鳥羽港の約3キロ沖、伊勢湾口に浮かぶ菅島は、かつてはカツオ船などで賑わった漁業中心の島であった。江戸時代にはすでに海路標識が設置され、明治になって菅島灯台が建てられ海運の安全を支えてきた。〈鳥羽市菅島町・昭和39年・提供＝水﨑恒治氏〉

**田丸城跡①**　南北朝時代に公卿・北畠氏が南朝の拠点として砦を築いたのが始まりとされ、戦国時代には織田信長の次男・信雄により天守も築かれたが、明治維新で廃城となった。民俗学者の谷川健一は「伊勢の北畠氏は田丸城によって伊勢湾を制圧していた」「田丸城は熊野街道、吉野街道に通じる交通の要衝だった」（『日本の地名』岩波新書）としている。「続日本100名城」にも選定され、玉城町のシンボルとなっている。〈玉城町田丸・昭和31年頃・提供＝玉城町教育委員会〉

**田丸城跡②**　現在は桜名所としても知られる田丸城跡。写真は当時曲輪内に建っていた田丸小学校の付近か。堀沿いに植えられた桜並木に沿って、食事処の名が入ったぼんぼりが立ち並ぶ。〈玉城町田丸・昭和31年・提供＝玉城町教育委員会〉

**眼下に鯉橋を一望する**　左右に走る道は県道22号伊勢南島線。中央に小川（通称・木越）の集落、左側には一之瀬川支流の西山川が流れており、昭和5年に竣工した鯉橋が見える。鯉橋は平成に入って架け替えられ、今では写真の上路トラス橋は見られない。〈度会町五ケ町・昭和31年・提供＝岡谷昌行氏〉

**相賀ニワ浜の風景**　熊野灘に面する五ヶ所湾の西側に位置する相賀浦を俯瞰している。写真右側に相賀浦漁港、左側には伊勢志摩国定公園で最大の湖・大池が見える。中央の森は大賀神社の社叢。大池と湾を隔てるのは、美しい弧を描く砂浜の相賀ニワ浜である。〈南伊勢町相賀浦・昭和40年代後半・提供＝愛洲の館〉

**五ヶ所の集落を俯瞰する**　地名は五ヶ所浦であるが、一般には「五ヶ所」と通称される。町は入り組んだ海岸線を持つ五ヶ所湾の湾頭に広がり、伊勢の南玄関といわれる。当時は五ヶ所湾巡航船が生活の足となっていた。写真の手前には五ヶ所湾に注ぐ五ヶ所川が見えている。〈南伊勢町五ヶ所浦・昭和40年代後半・提供＝愛洲の館〉

**国道260号の眺め**　国道260号は、志摩市から紀北町を結ぶ南伊勢町の主要道路である。道路沿いには日本生命や、昭和30年代から全国展開していたスーパーマーケット「主婦の店　南勢店」の看板が見える。主婦の店の隣に建つ百五銀行五ヶ所支店は今もある。〈南伊勢町五ヶ所浦・昭和40年代後半〜50年代・提供＝愛洲の館〉

**阿曽浦の風景**　阿曽浦漁港は熊野灘に面する贄湾の東岸に位置する。深く切り込んだリアス海岸に囲まれた穏やかな海で、かつては真珠養殖で興隆した地域である。〈南伊勢町阿曽浦・昭和30年代・提供＝有文堂書店〉

**熊野脇道の眺め**　写真の道は、熊野街道から玉城町田丸で分かれて熊野灘沿岸の浦々を通る熊野脇道で、この辺りは国道260号と重なる生活道路となっている。通り沿い左側は現在も営業中の中村モータース。右は八柱神社の社叢で、旅館・南島荘の看板も立っている。〈南伊勢町東宮・昭和30年代・提供＝個人蔵〉

**滝原堰堤**　大内山川へ昭和28年に建設された、趣ある石張りのダムである。下流には清流が巨岩を縫って奔流する峡谷美で知られる大滝峡があり、同堰堤もそうした景観に配慮された造りとなっている。現在、この周辺は奥伊勢宮川峡県立自然公園に指定されている。〈大紀町滝原・昭和63年・提供＝西尾一由氏〉

特集◆

# 空から見た伊勢志摩

**ミキモト真珠島上空（平成５年撮影）**　明治26年に御木本幸吉が世界で初めて真珠の養殖に成功した場所が、写真下に見えるミキモト真珠島である。島内には真珠博物館や御木本幸吉記念館などがあり、海女の実演も見られる。島と陸地を結ぶパールブリッジは昭和45年に架けられた。〈鳥羽市鳥羽周辺・平成５年・提供＝清水浩行氏〉

空から世界を見てみたいというのは人類共通の夢である、とは言いすぎかも知れないが、歴史の中で人びとは高所からの視点の獲得という欲求を常に持ち続けてきた。

現在、国土地理院が提供する空中写真閲覧サービスで、古くは戦中まで遡って空中写真を見ることはできるが、いずれも平面的な画像であり、高低差など地形を明確に把握することはできない。ある地域を空中から眺めた図像としては、観光案内に描かれた鳥瞰図の存在を忘れてはならない。山や河川、交通網など様々な地域の情報を詳細に描き込んだ鳥瞰図は空間を把握する上で有用であり、眺めているとまるでその場所に入り込んだような気分を味わえる。しかし、吉田初三郎（近代の代表的な鳥瞰図絵師）の作品からも分かるように、画面構成はかなり誇張（デフォルメ）されており、正確な地理情報ではなく分かりやすさや見た目の楽しさが優先されているのが常である。空中写真にも、鳥瞰図にも、空間把握という点では一長一短があるといえよう。

グーグルマップやグーグルアースのサービスによって空中からの立体的な視点（３Ｄ画像）を容易に手に入れられるようになったのは二〇〇〇年代後半以降であり、ドローンで手軽に個人が空中撮影できるようになったのはここ数年のことである。個人が飛行機を自由に操って空中から撮影することは今も昔も困難であることを考えれば、撮影範囲や対象は限られるものの平成期以前に空中から（飛行機から）撮影した写真は貴重かつ稀少であろう。本稿では、皇學館大学の大学案内のために撮影された倉田山周辺（神田久志本町、黒瀬町、神久、一色町）を中心に、絵葉書や個人が撮影したものも含め、高所からの写真を紹介する。

空中からの視点をもって伊勢周辺を眺めることで、地域開発の経過、地形の変化などを文字通り立体的に捉えることができる。

（長谷川怜）

**神宮皇學館上空（昭和5～15年頃撮影）**　倉田山上空を南東方向に撮影。神宮皇學館の校舎（画面手前）や寮（画面奥）が鮮明に写る。楠部町付近は田園地帯であったことが分かる。〈伊勢市神田久志本町・昭和5～15年頃・提供＝皇學館大学〉

**皇學館大学上空（昭和48年撮影）**　倉田山上空を北東方向に撮影。手前左手の木々の中に写るのは徴古館農業館。当初はこの位置にあり、平成元年に解体された後、現在地に平成８年に移築された。皇學館のキャンパス内を見ると、今は存在しない1号館、大学図書館（初代）、体育館（初代）などが写る。画面右手の楠部町の付近では山を削って国道23号を造成しているようである。黒瀬町付近の山は現在は大部分が削られ、黒瀬八幡宮が鎮座する部分を残すのみである。〈伊勢市神田久志本町周辺・昭和48年・提供＝皇學館大学〉

**皇學館大学上空（昭和57年撮影）** 倉田山上空を北東方向に撮影。皇學館大学の創立100周年を記念する講堂が新築されている。画面中央やや左には昭和55年に建設された伊勢警察署の庁舎が写る。同48年の写真と比較すると黒瀬町の山がかなり削られている。〈伊勢市神田久志本町周辺・昭和57年・提供＝皇學館大学〉

**伊勢市駅前上空（平成5年撮影）** 外宮の背後に控える高倉山に向かってまっすぐ参道が延びる。伊勢市駅やジャスコ伊勢店が見える。〈伊勢市内・平成5年・提供＝清水浩行氏〉

**鳥羽城址から見た相島《おじま》（昭和初期撮影）** 相島は現在はミキモト真珠島と呼ばれ、パールブリッジで対岸と結ばれている。当初は鳥羽町の所有であったが、帝国汽船が買収した後、再び鳥羽町の所有を経て御木本幸吉が購入した。〈鳥羽市鳥羽周辺・昭和初期・提供＝長谷川怜氏〉

**鳥羽尋常高等小学校（昭和５～15年頃撮影）** 昭和４年に鳥羽城址に竣工した鉄筋造校舎を撮影している。空撮ではなく、おそらく相生山からの撮影であろう。完成後まもない小学校の校舎の姿や周辺の斜面に住宅が建て込むようすがよく分かる。〈鳥羽市鳥羽周辺・昭和５～15年頃・提供＝長谷川怜氏〉

# 5 まちかど逍遥

伊勢地方では、戦前より神宮の式年遷宮をきっかけとして地域の活性化が図られている。さらに戦後の復興事業をはじめ、昭和五十二年から行われた勢田川改修、平成五年の近畿自動車道伊勢線の開通、同三十年の御幸通の灯籠撤去といったインフラの整備によっても大きく景観が変化している。

商業地域では、その形態の変化により街並も推移している。伊勢市内の商店街では昭和二十四年より商店街の街路灯の設置、翌二十五年からはネオンサインの設置が市の補助で行われた。また、大型店の出店に対し、同三十七年に銀座新道商店街でアーケードが設置された。翌三十八年には伊勢市駅前から今社までアーケードが完成した。また、四十二年には商店街のカラー舗装も行われた。さらに平成四年には新道・高柳商店街が近代化事業でリニューアルオープンした。

伊勢市駅前では昭和四十一年にオカダヤが野島物産店と合同でビルを建設し、伊勢オカダヤ百貨店（ジャスコA館）を、ついで同四十八年にはジャスコB館を開店した。一方、三重交通は四十四年に三交ショッピングセンターを開店した。さらに五十四年に伊勢市駅前再開発ビル・ジョイシティが開店した。しかし、平成八年に伊勢駅前ジャスコが閉店し、翌年楠部町にジャスコ新伊勢ショッピングセンターが開店した。そして、同十三年に三交伊勢店が閉店した。

また、モータリゼーションの進行により、昭和五十六年に開店した伊勢ショッピングセンター（ララパーク）をはじめ、多くの郊外型店舗が設立された。

内宮周辺では平成五年におはらい町の整備が完了し、おかげ横丁がオープンした。

志摩地方でも昭和四十五年近鉄志摩線の賢島への伸長、同五十一年パールロードの全線開通等インフラの整備がきっかけとなって景観が変化している。また、昭和三十年に開館した鳥羽水族館は、平成六年に現在地へ新築移転をした。鳥羽地区では昭和三十四年から安楽島のリゾート化が進み、ホテル・旅館・保養所等の建設が進んだ。磯部方面では、平成六年の志摩スペイン村のオープンをはじめ大型リゾート施設やゴルフ場が開設された。

（山田修司）

**銀座新道商店街ネオンアーチ**　一之木交差点から県道37号の1本北側の通り、イスズ洋行の前から西に向かって撮影した夜景である。伊勢市内の商店街にネオンアーチが設置されたのは昭和25年である。〈伊勢市一之木・昭和30年・提供＝伊勢市〉

**宇治山田市役所**　明治39年に宇治山田市が発足。同41年に新しい市役所庁舎が岩渕町に建設された。２階建ての近代和風建築で、昭和30年に伊勢市が誕生して以降は伊勢市役所となり、同40年まで長い間使用された。〈伊勢市岩渕・昭和初期・提供＝伊勢市〉

**伊勢市役所旧庁舎内部**　明治41年建築の旧庁舎は大正10年に増築され、戦後の昭和28年には近代的に改装された。写真は昭和30年代の観光商工課で、吊り下げ式の蛍光灯や黒電話、木製の机、椅子などが懐かしい。室内でたばこを吸う姿も当時ならではの光景。〈伊勢市岩渕・昭和30年代・提供＝伊勢市〉

**伊勢市役所仮庁舎**　大正15年に落成した商品陳列所の建物である。戦後、厚生中学校、市立宇治山田観光物産館、伊勢市消防本部とさまざまな用途で使用された。この建物が市役所の仮庁舎として使用されたのは、現庁舎建設中の昭和39年から昭和40年の間である。〈伊勢市本町・昭和39年頃・提供＝伊勢市〉

**伊勢市役所新庁舎完成**　旧庁舎の老朽化が進み手狭になったため、旧庁舎跡地を中心とした場所に昭和40年に建設された。新庁舎は地上4階、地下1階の鉄筋コンクリート造りで、7月28日に竣工式が挙行された。〈伊勢市岩渕・昭和40年頃・提供＝伊勢市〉

**伊勢会館**　昭和28年の第59回式年遷宮対策事業のひとつとして建設が計画され、同28年10月31日に開館した。さまざまな集会や大会が行われたが、老朽化のため45年6月28日に解体式が行われた。跡地には現在観光文化会館（シンフォニアテクノロジー響ホール伊勢）が建っている。伊勢会館手前左側の建物は「グリル宇仁館」である。〈伊勢市岩渕・昭和31年・提供＝伊勢市〉

**伊勢郵便局**　明治42年5月、外宮前に新築移転した建物である。写真の建物の外壁には、モルタルが塗られている。昭和43年に解体され翌44年、博物館明治村に「宇治山田郵便局舎」として移築された。現在は、明治当初の姿に復元されている。〈伊勢市本町・昭和41年頃・提供＝岡谷昌行氏〉

**伊勢警察署の新庁舎落成**　現岩渕交差点の南東角で、三十三銀行伊勢支店の場所にあった建物である。大正8年建築の木造2階建ての庁舎から、昭和33年に写真にある鉄筋コンクリート造2階建てへ建て替えられた。同55年に神田久志本町の鉄筋コンクリート造4階建ての現庁舎に移転した。〈伊勢市岩渕・昭和33年・提供＝伊勢市〉

**伊勢市民病院**　市民病院の前身は、昭和20年に宇治山田健康保険組合の直営で開設された「健民館」である。同23年に市営となり、「宇治山田市民病院」となった。30年1月、市名変更に伴い「伊勢市民病院」と改称された。この後32年に河崎へ新築移転した。〈伊勢市一志町・昭和30年・提供＝伊勢市〉

**市立伊勢総合病院**　昭和36年に伊勢総合病院と改称し、同54年に河崎から現在地へ新築移転した。当初、内科、外科、整形外科、産婦人科、皮膚科、小児科、泌尿器科、眼科、耳鼻咽喉科、脳神経外科、歯科口腔外科、精神神経科、放射線科、麻酔科の14科が開設され、病床数は419床であった。平成31年に現在の新病院が開院した。〈伊勢市楠部町・昭和54年頃・提供＝伊勢市〉

**明倫商店街アーケード建設中①**　戦後に「山田のヤミ市」としてスタートした明倫商店街。りんご箱に商品を並べた露店が集まっていたのが、昭和22年に明倫商店街自治会として組織化された。アーケードを新築しているところで、屋根に乗って作業しているトビ職人が見える。写真左の洋品・雑貨を扱うアサヒヤは現在も営業中。また、その奥には樋口履物店の旧店舗があり、現在は数軒離れたところにある新店舗で営業している。〈伊勢市岩渕・昭和20年代後半・提供＝樋口京氏〉

**明倫商店街アーケード建設中②**　ぎゅーとらの三重県での始まりの店舗といえる牛虎明倫営業所が写真右側に見える。この向かい側にも出店していたという。〈伊勢市岩渕・昭和20年代後半・提供＝樋口京氏〉

**銀座新道商店街①**　写真中央の「新道」のアーチがある通りが、県道37号の大世古交差点から1本北側に入った場所。写真はそこから東に向かって撮影したものである。〈伊勢市大世古・昭和28年・提供＝伊勢市〉

**銀座新道商店街②**　11月の撮影。アーケードが設置されるのは昭和37年、まだ先のことである。〈伊勢市大世古・昭和28年・提供＝伊勢市〉

**さくら通り商店街**　さくら通り商店街は、銀座新道商店街の１本北側の商店街である。バーやキャバレー、料理屋など飲食サービス店が多かった。写真は現大世古交差点の２本北側の通りから西に向かって撮影したものである。〈伊勢市大世古・昭和40年代頃・提供＝伊勢市〉

**栄町商店街**　県道37号の尾辻交差点から１本南にある小規模な商店街。曽祢本通から東を向いて撮影しており、今も店舗を構える協生薬局が左手前、ナカガワ眼鏡店が右手前に見える。昭和38年に設置されたアーケードは今はない。〈伊勢市曽祢・昭和40年代頃・提供＝伊勢市〉

**高柳商店街**　高柳通り・曽祢本通りは大正元年頃には小売商店街を形成していた。また、高柳通商業組合は三重県内でも最も古く昭和11年に設立された。今社付近から東に向かって撮影したものである。高柳商店街にアーケードが設置されたのは昭和38年である。〈伊勢市曽祢・昭和40年頃・提供＝伊勢市〉

**高柳商店街のエビスヤ洋品店**　県道37号の曽祢交差点より２本南側の高柳通りにある、大黒屋陶器店の北向かいにあった商店である。この商店街は呉服屋や洋品店が多かった。今では考えられないが、同店では当時は休みが月に一回だったという。そして、世の中全体にもそのような風潮があった。〈伊勢市曽祢・昭和31年・提供＝中村昭氏〉

**高柳商店街の夜店**　高柳商店街の夜店は大正４年に始まった。商店街は戦災ですべて焼失したが、力を合わせて復興した。現在は毎年、6月1日～7月の第1日曜日頃の、下1桁の数字に1、6、3、8（いち、ろく、さん、ぱち）の付く日と毎週土曜日に開催されている。〈伊勢市曽祢・昭和50年頃・提供＝水﨑恒治氏〉

**二俣通商店街とお木曳**　昭和23年創業の多き川食堂の前を第60回式年遷宮のお木曳（陸曳）が通る。綱しか写っていないが、二俣町奉曳団だろうか。多き川食堂は、現在人気の洋食店・キッチンたきがわとなっている。商店街は同40年代に二俣辻久留商店街に改称している。〈伊勢市辻久留・昭和41年・提供＝三宅あゆみ氏〉

**八日市場町の町並み**　橋本理容所、名古屋急便店などが並ぶ。この写真には写ってはいないが、小西萬金丹付近から外宮方面を撮影したものである。〈伊勢市八日市場町・昭和35年・提供＝榊原一典氏〉

**ありし日の欣《ごん》浄《じょう》寺《じ》**　浄土宗を開いた法然上人が伊勢神宮に参籠した時の遺跡で、法然上人二十五霊場の一つ。令和3年7月に火災により写真の本堂は全焼した。〈伊勢市一之木・平成31年・提供＝開福亭〉

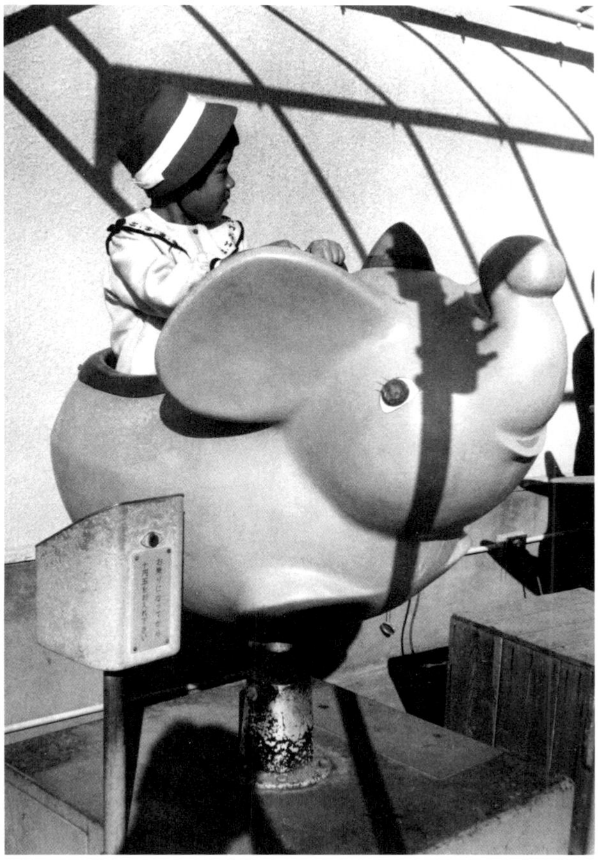

**三交百貨店の屋上遊園地**　伊勢市駅前にあった三交ショッピングセンターの屋上にあった。写真提供者は津へ行く途中に立ち寄って遊んだという。〈伊勢市宮後・昭和40年代・提供＝藤田正美氏〉

**平和座**　昭和21年に芝居小屋として開設されたが、のちに常設映画館となった。基本的には洋画専門館であったが、新東宝等の邦画を上映することもあった。その後、自主経営から貸館となり、少なくとも同35年には松竹封切り映画館となった。同41年に廃館し、跡地は高柳商店街立体駐車場となっている。〈伊勢市宮町・昭和31年・提供＝中村昭氏〉

**平和座の館内**　芝居を公演していた頃のようすである。お客さんがぎっしりと入っている。〈伊勢市宮町・昭和23年頃・提供＝牧戸和男氏〉

**銭湯の幸福湯**　伊勢市内には多くの銭湯があった。幸福湯は、昭和23年にシベリア抑留から帰国した写真提供者の父が開業した銭湯である。幸福という名前には平和への切実な願いが込められている。それ以前には近くに汐湯という銭湯があったが、昭和20年の空襲の焼夷弾により焼失した。〈伊勢市一之木・昭和36年頃・提供＝山本幸平氏〉

**おくの食堂本店**　新道商店街の西の端あたり、ドレスミシン商会（80頁の中写真）の裏側で昭和40年代頃まで店を構えていた。7月に従業員らと撮影した記念写真。現在も浦之橋商店街で営業している同名のおくの食堂はこちらの支店にあたる。〈伊勢市大世古・昭和36年・提供＝小川和美氏〉

**吹上にあった牛虎本店**　場所は吹上交差点近くで、現在のカラオケ喫茶・お笑い横丁がある辺りにあった。1階は精肉店で、2階は食堂兼喫茶だった。あのカツ丼の味を覚えている人は多い。牛虎は昭和4年に精肉店「うし虎」として大阪で創業。同24年に伊勢市へ移転した際に「牛虎」に改名したが、「ぎゅうとら」と読む人が多かったため「うしとら」から「ぎゅーとら」の呼び方になったという。〈伊勢市吹上・昭和33年・提供＝ぎゅーとら〉

**牛虎チェーン・SC ハイジー店**　昭和52年の開店で、写真はまだお店ができたばかりの頃。SC とはショッピングセンターの略である。〈伊勢市船江・昭和50年代・提供＝ぎゅーとら〉

**小川旅館の前で記念撮影**　山田駅（現伊勢市駅）東側に戦前から営業していた旅館。現在同じ場所には小がわビルが建っている。後ろの車はブルーバードである。〈伊勢市吹上・昭和33年・提供＝小川和美氏〉

**「時計大売出し」**　勢田川北新橋の右岸南側にあった中川時計店、時計大売り出しの看板である。三重県下の時計店の組合が一斉に行った春の大売り出しキャンペーンの一環だという。〈伊勢市河崎・昭和35年頃・提供＝中川正氏〉

**磯部町役場**　昭和30年に磯部村と的矢村が合併して磯部町が発足した。平成16年に阿児町、大王町、浜島町、志摩町と合併して志摩市となり、町役場は閉鎖された。〈志摩市磯部町迫間・昭和51年・提供＝古田儀之氏〉

**磯部郵便局の旧局舎**　以前は磯部町恵利原地区にあった。昭和61年に磯部町迫間の近鉄志摩磯部駅前に移転した。移転直前に撮影された一枚である。〈志摩市磯部町恵利原・昭和61年・提供＝古田儀之氏〉

**浜島町役場庁舎**　木造２階建てだった頃の庁舎。昭和45年に、鉄筋コンクリート造５階建ての新庁舎へ移転することになる。〈志摩市浜島町浜島・昭和40年代・提供＝井上博暁氏〉

**納涼夜店びっくり夜市①**　阿児町商工会の主催により、昭和40年代前半頃から始まった阿児町の夏の風物詩。子どもたちはもちろん大人も毎年開催を楽しみにしていたという。7月10日の撮影。阿児の夜店は現在は志摩の夏祭りと名前を変えて開催されている。〈志摩市阿児町鵜方・昭和46年・提供＝柴原千歳氏〉

**納涼夜店びっくり夜市②**　準備にいそしむ商店街の人びと。その表情にはまもなく始まる夜市への高揚感が漂っている。〈志摩市阿児町鵜方・昭和46年・提供＝柴原千歳氏〉

**納涼夜店びっくり夜市③**　よろずやの前で段ボールを机にして自分たちの店を構える子どもたち。何を売っているのかな。〈志摩市阿児町鵜方・昭和46年・提供＝柴原千歳氏〉

**大八車を作っていた工場**　木製の人力荷車である大八車は自動車の普及とともに減ったが、昭和40年代頃まで輸送によく使用されていた。提供者の義父が営んでいた工場で、写真の場所は自宅の前でもあったという。〈志摩市大王町船越・昭和20年代頃・提供＝小林二三代氏〉

**賢島スポーツランド**　近鉄が開発した賢島別荘地地区に、昭和45年7月に完成した。園内にはプールやテニスコート、フィールドアスレチックなどさまざまな設備があり、別荘地居住者のみならず多くの家族連れで賑わった。平成11年に閉鎖され、跡地は賢島ローズネットファームになったが今は閉園している。〈志摩市市阿児町神明・昭和60年・提供＝中村陽子氏〉

**建設中の志摩スペイン村を遠望**　志摩ロイヤルホテル屋上から見た工事中のようす。志摩スペイン村は、テーマパーク「パルケエスパーニャ」を核としてホテルや志摩スペイン村などを併設した複合リゾート施設。平成４年に工事が着工し、同６年にオープンした。〈志摩市磯部町的矢、坂崎・平成5年・提供＝古田儀之氏〉

**志摩スペイン村のキャラクターショー**　コロシアム（野外劇場）でのショーのようす。セルバンテスの『ドンキホーテ』にヒントを得たキャラクターたちで、左からチョッキー、ドンキー、サンチョか。志摩スペイン村は平成6年4月22日に開業した。写真はオープン間もない頃で、ステージの奥はまだ建設途中である。〈志摩市磯部町坂崎・平成6年頃・提供＝東岡晴海氏〉

**鳥羽水族館全景**　昭和44年に撮影されたパノラマ写真。右側は同37年に建設された3階建ての新館、その左隣には開館10周年を記念して作られた「魚の病院」が写る。左側の建設中の場所にはこの後の45年にマリンスタジアムが完成する。〈鳥羽市鳥羽・昭和44年・提供＝溝口登志裕氏〉

**鳥羽水族館へお出かけ**　写真提供者の家族が訪れた時の記念写真。奥のアクアランドは昭和35年に完成した半海底式水族館。〈鳥羽市鳥羽・昭和41年・提供＝西川満氏〉

**イルカ島**　昭和34年、鳥羽湾内の日向島に東洋遊園地がイルカ島海洋遊園地を開園した。同39年には展望リフトが開設。観光船でイルカ島に渡り、島の散策やイルカショーを楽しむなど一日中遊ぶことができた。〈鳥羽市小浜町・昭和59年・提供＝西尾一由氏〉

**今はなきジャスコシティ玉城の遊具**　昭和56年に開店し、平成15年に閉店。現在は更地になっているが、隣にザ・ビッグエクストラ玉城店が建っている。〈玉城町世古・平成7年頃・提供＝櫻田菜穂子氏〉

**古和浦の芝居小屋**　舞台下から人力で回転させることができる「回り舞台」を備えていた。地元では通称「クラブ」と呼ばれ、青年団が踊りや劇をしたり、古和浦の集会場として使われたりしていた。〈南伊勢町古和浦・昭和47年頃・提供＝東宮資料保存館〉

**清水栄助商店**　昭和20年代から50年代半ばまで、木炭などの燃料や酒、砂糖といった生活必需品を取り扱っていた。この地域の中では早くにテレビを購入していたため、近所の人びとが力道山の活躍するプロレスや月光仮面を見に集まったという。〈大紀町永会・昭和36年・提供＝清水浩行氏〉

# 6 交通の発展

伊勢神宮の境内整備と市街の近代化を目的とした神苑会が建設した御幸道路は、外宮と内宮を結び市内交通の動脈となった。

戦前期の伊勢では鉄道敷設も盛んであった。明治三十年に参宮鉄道（後に国有化）が津～山田（現在の伊勢市）間を全通させた。後に鳥羽まで延伸し、志摩電気鉄道により志摩との接続も実現する。三重県は私鉄王国であり、多数の私鉄が競合した。昭和五年に伊勢電気鉄道が大神宮前（外宮付近。現存せず）まで乗り入れた。翌年、参宮急行電鉄が桜井～宇治山田間を開通させ、関西、近畿、東海が一つに結ばれた。

市内交通に目を向ければ、明治三十六年に宮川電気が本町～二見間の路面電車を開業させ、以後市内で延伸を続けた。大正末期～昭和初期には朝熊登山鉄道（ケーブルカー）や二見浦旅客索道（ロープウェー）が開業した。市内ではタクシーやバスも台数を増やした。

大正時代から昭和時代には、皇室ゆかりの神社や御陵を巡る「聖地巡拝」がブームとなり、多くの人びとが伊勢を訪れた。それを背景に伊勢の交通機関は花盛りの感があったが、第二次大戦中、レジャー目的のケーブルカーやロープウェーは廃止され、燃料不足等でバス路線も相次いで休止となる。

戦後の陸上交通で重要な役割を果たしたのは三重交通株式会社である。昭和十九年に県下の交通機関を統合し成立した同社は、終戦後まもなく伊勢～鳥羽のバス路線を再開させた。

昭和二十一年の国立公園指定で伊勢志摩地域への観光客が増加し、同二十三年には平和博覧会が開催された。会期中の周遊バスを皮切りに、二十七年からは定期観光バスの営業が始まった。バスに乗客を奪われ、三十六年に路面電車（神都線）が姿を消した一方、地域住民の生活と観光客周遊の双方を担うバス路線は伊勢・志摩地域のほぼ全域に拡大した。

マイカー時代の到来に合わせ、昭和三十九年に伊勢志摩スカイライン、翌年に伊勢道路が開通し、手軽に伊勢～鳥羽～志摩を移動できるようになった。海上交通の発展も目覚ましく、昭和三十年代から四十年代にかけて、名古屋～鳥羽間、鳥羽～伊良湖間を結ぶボートやフェリー、御座～浜島間を結ぶ奥志摩フェリーなどが相次いで就航した。

地域の人びとから収集された写真には、図らずも伊勢志摩地域の交通が網羅的に写されている。これらの交通が人びとの身近にあり、馴染んでいたことの証左である。

（長谷川怜）

**参宮線のC57形蒸気機関車**　南北朝時代に公卿・北畠親房によって築かれた玉城町のシンボル・田丸城跡周辺から、田園風景の彼方に伊賀の山々を望む。眼下には亀山行列車を牽引してC57形蒸気機関車が疾走する。線路の奥に改修前の外城田川が流れている。〈玉城町田丸、外城田・昭和44年・提供＝浅野修氏〉

**国鉄山田駅**　神苑会の太田小三郎らは明治23年、神都への鉄道開通を重んじて参宮鉄道を設立。津から路線を延ばし、終着の山田駅（現伊勢市駅）が同30年に開業した。参宮鉄道は40年に国有化され、その後に国鉄参宮線となる。写真は昭和25年に改築された駅舎で、東方向を向いている。中央に世木神社、さらにその奥に宇治山田駅の駅舎が見える。また、右側のキリンビールの看板の奥の瓦屋根の建物は宇仁館。〈伊勢市吹上・昭和30年代前半・提供＝伊勢市〉

**近鉄宇治山田駅①**　参宮急行電鉄の終着駅として昭和6年に開業。駅舎は、御遷宮奉祝神都博覧会の跡地に、神都・伊勢にふさわしい建造物として建てられた。堂々たる鉄筋造3階建て駅舎で、平成13年に国の登録有形文化財となっている。〈伊勢市岩渕・昭和40年代・提供＝伊勢市〉

**近鉄宇治山田駅②**　構内のようす。売店には伊勢名物・赤福の看板が大きく見える。同駅は3階にホームがある高架駅で、1階は天井が高く広々とし、窓の意匠なども美しい。大勢の参詣客に対応できる団体待合室や食堂、また皇族や要人を迎える貴賓室も設けられている。〈伊勢市岩渕・昭和46年・提供＝柴原千歳氏〉

**近鉄宇治山田駅3階の三重急行バス乗り場**　平成5年頃までは近鉄電車を降りると同じホームで直接バスに乗り替えができた。バスが方向転換するために使用していた転車台は今も残っている。三重急行のバスの運転手だった写真提供者の父が、保管していた写真である。〈伊勢市岩渕・昭和40年頃・提供＝前田剛氏〉

**伊勢市駅**　昭和30年に宇治山田市は改称され伊勢市となった。4年後の同34年、国鉄紀勢本線の全線開通時に多くの近隣駅が改名され、同日に山田駅も伊勢市駅へと改称された。〈伊勢市吹上・昭和36年頃・提供＝山本幸平氏〉

**伊勢市駅周辺の眺め**　駅前には毎年6月27～29日に開催される朝熊山開山忌の幟《のぼり》が立つ。駅舎はこの後、平成5年に改築される。さらに同25年の式年遷宮を控えて建物改装と駅前広場の整備が行われ、現在の姿となる。〈伊勢市吹上・昭和後期・提供＝井上博暁氏〉

**伊勢市駅で蒸気機関車と**　C57形と一緒に。参宮線は今なお全線非電化であるが、昭和48年に無煙化されて明治26年の参宮鉄道開業からの蒸気機関車は姿を消している。現在では快速「みえ」を始めとしたディーゼルカーが運行している。〈伊勢市吹上・昭和46年・提供＝中村昭氏〉

**車内販売員**　参宮線山田駅にて、弁当などの車内販売をしていた会社・小がわの販売員たちをパチリ。社内では販売員たちは「車内さん」という愛称で呼ばれていた。写真右には客車が見えている。〈伊勢市吹上・昭和29年・提供＝小川和美氏〉

**国鉄二見浦《ふたみのうら》駅の先代駅舎**　駅前の鳥居は昭和40年代に二見浦観光協会が設置したもので、令和5年に撤去された。松本清張原作の映画「砂の器」（昭和49年公開）で同駅前が登場するが、駅舎の屋根瓦の色や鳥居は写真とほぼ同じ状態である。写真中央の車は、昭和46年発売の初代コロナマークII後期型。現駅舎は平成5年完成。〈伊勢市二見町三津・昭和46～49年頃・提供＝小松重次氏〉

**近鉄明野駅**　参宮急行電鉄（参急）の駅として、昭和5年の松阪～外宮前（現宮町）間開通の際に開設された。参急は翌年に全線開通。近畿日本鉄道（近鉄）の前身の一つである。近鉄は戦時期の交通統制で複数会社の合併により設立された。〈伊勢市小俣町明野・昭和62年・提供＝橋本理市氏〉

**近鉄志摩線**　昭和4年に開業した志摩電気鉄道を起源とする路線である。その後変遷し、三重電気鉄道であった同40年に近鉄と合併し、現在に至る。写真の頃は線路が狭軌で、穴川付近では風光明媚な入江に沿って一両の電車が走るのどかな風景が見られた。現在は改軌され、高架線になり、写真の入江は埋め立てられ面影もない。〈志摩市磯部町穴川、迫間・昭和44年・提供＝浅野修氏〉

**近鉄賢島駅**　昭和4年の志摩電気鉄道開業時からの駅舎。昭和45年に現駅舎（設計：村野藤吾）が完成後も、平成5年頃まで普通列車専用ホーム用の駅舎として使われた。その後は業務用の建物として改装され、現在も残っている。写真は駅名のローマ字表記が追加後の時期で、賢島スポーツランド（昭和45年開業）などの案内掲示がある。〈志摩市阿児町神明・昭和50年頃・提供＝小松重次氏〉

**二代目志摩磯部駅**　志摩電気鉄道は昭和4年に鳥羽～真珠港間全線を開通し、この路線の駅はすべて同年に開業した。志摩磯部駅は当初、迫間駅として開業。広軌化工事が完了し鳥羽線と路線接続した同45年、新たに志摩磯部駅となった。〈志摩市磯部町迫間・昭和57年・提供＝古田儀之氏〉

**スペイン風の志摩磯部駅舎**　異国情緒漂う白亜の駅舎である。平成6年にテーマパーク・志摩スペイン村の開業に合わせて、スペインはアンダルシア地方を意識した建物に改築された。初期には志摩スペイン村への最寄り駅であり、第2回「中部の駅百選」にも選ばれている。〈志摩市磯部町迫間・平成6年・提供＝古田儀之氏〉

**近鉄旧五知駅**　志摩電気鉄道の駅として昭和4年開業。写真の頃は線路が単線で、同駅には行き違い設備が設置されており、駅構内のみ複線になっていた。平成5年に線路が複線化された際、駅は賢島寄りに移転した。〈志摩市磯部町五知・昭和62年・提供＝古田儀之氏〉

**建設中の賢島駅**　近鉄の「万国博関連三大工事」事業の一つに「鳥羽線建設・志摩線改良」があった。大阪万博に訪れた人を伊勢志摩へ誘致するため、賢島まで路線を繋いで線路幅を揃え、特急列車を走らせる計画である。写真では工事の進捗に伴って運行休止となる予定の古い電車が、最後の活躍中。〈志摩市阿児町神明・昭和44年・提供＝溝口登志裕氏〉

**近鉄旧穴川駅**　起源は志摩電気鉄道の駅である。駅舎は昭和45年の標準軌化工事の際に約300メートル移転した。写真の頃の線路はまだ伊雑ノ浦の入り江に沿って走っていた。平成5年、複線化及び穴川トンネルの建設でルート変更と高架化もなされ、駅は再び移転している。〈志摩市磯部町穴川・昭和63年・提供＝古田儀之氏〉

**貨車も出入りしていた頃の鳥羽駅**　三重交通志摩線の電車が、国鉄の貨車を連結して駅構内を走っている。左奥は国鉄の客車。志摩線が近鉄に編入後、昭和45年に同線の軌間拡幅が完成し鳥羽線との直通運転が始まった。同時に近鉄鳥羽駅は国鉄駅の北隣(写真奥)に移転。その新駅は、海岸の埋め立て地や国鉄の側線跡を利用して建設された。〈鳥羽市鳥羽・昭和30年・撮影＝佐藤進一氏〉

**観光客でにぎわう鳥羽駅前**　駅名標に海女の絵が添えられているのが珍しい。昭和27年10月16日付「伊勢新聞」は、国鉄鳥羽駅が1日平均5組の修学旅行生を迎え、駅前や桟橋付近に名古屋、京都、岐阜、滋賀からの大型貸切バスの停まっていない日はない、と秋の行楽シーズンのようすを伝えている。この駅舎は昭和49年、火災により日和山エレベーターとともに焼失した。〈鳥羽市鳥羽・昭和27年・提供＝山本留吉氏〉

**鳥羽駅舎と行商人**
当時の志摩線は鳥羽〜賢島間のみで、他路線と繋がらない単独路線であった。写真には魚の行商人の姿が見える。国鉄参宮線で伊勢方面に行くのであろうか。近鉄では令和2年まで、伊勢志摩の海の幸を関西へ運ぶ貸切列車「鮮魚列車」が、宇治山田から大阪の上本町まで運行されていた。〈鳥羽市鳥羽・昭和40年代・提供＝岩本貢氏〉

**近鉄鳥羽駅の構内**　まだ志摩線が狭軌であった頃のホームのようす。この景色もあとわずかである。昭和40年代前半に「万国博関連三大工事」事業として志摩線の標準軌化が行われる。同時に鳥羽線が敷設され、宇治山田〜鳥羽間が同45年に全線開通して志摩線と接続。近鉄鳥羽駅は橋上駅舎となる。〈鳥羽市鳥羽・昭和44年・撮影＝白井健氏〉

# 神都線の車窓

**本町に着いた電車**　前面に車番表記がなく、神都交通時代（昭和10年代）の特徴と一致する。ただし戦後に撮影された可能性もある。本町〜古市口間は複線だが、上下線が別々の道に敷かれており、一見は単線のように見える。伊勢神宮では外宮、内宮の順で参拝するという古くからの慣習がある。参拝などに都合が良いように、神都線では複線区間に異例の右側通行を採用したといわれている。〈伊勢市本町・昭和10〜20年代・提供＝小松重次氏〉

神都線は、伊勢神宮の参拝客や市民の足として五七年余にわたり親しまれた。

明治三十六年、電力会社の宮川電気によって本町〜二見間で開業した。宇治山田町（現伊勢市）にあった同社の主目的は町内への電気供給で、発電した電力の余剰分を電車の動力源として活用した。交通機関としての電車は、同二十八年開業の京都電気鉄道（のちの京都市電伏見線）が日本初である。神都線は七番目で、東京・大阪より僅かに早い。のちに日本では非常に珍しい、複線区間が右側通行の路線となる。合併などにより社名は六回も変わった。昭和十九年、戦時中の国策での企業統合により三重交通が設立され、同社の神都線となった。

敗戦後の参拝客減少、バス利用増加などにより、晩年の神都線は経営悪化が続いた。そして経営合理化のため運転本数が減らされ、日常生活の交通機関としても少々不便になった。繁忙期や団体貸切時には増発したが、バスの便利さには対抗できず昭和三十六年に廃線となった。

現存する最大の遺構は、五十鈴川鉄橋の橋脚である。川の中に並ぶ三基の橋脚が、並行する汐合橋などから見える。神都線は二カ所で、国鉄参宮線の下をくぐっていた。現在もJR参宮線（非電化）には、伊勢市駅から東へ二キロ以内に第一・第二電車架道橋が存在し、ともに橋桁に記された橋名を確認できる。特に寝起松公園付近の第一電車架道橋は現在目立った道路もない場所で、電車（神都線）との立体交差用だったとわかりやすい。

参宮線山田（現伊勢市）〜鳥羽間の延伸は明治四十四年であり、築堤の途中に、既存の神都線を跨ぐ橋を設ける必要があった。レンガ積みの橋台が、両線の歴史の古さを物語っている。

（高見彰彦）

**外宮前駅**　右端は電車待合所で、出札口では客が職員から切符を買おうとしているようだ。写真の御幸道路から1本北の裏通りに敷かれた軌道のほうが、開通が早かった。本町〜外宮前〜古市口間は明治42年に開通し、外宮前を経由しない本町〜古市口間の既存線と合わせて複線として使われた。電車の奥の山田（のちの伊勢）郵便局は、のちに博物館明治村に移築された。〈伊勢市本町・昭和28年・撮影＝生地健三氏、提供＝高見彰彦氏〉

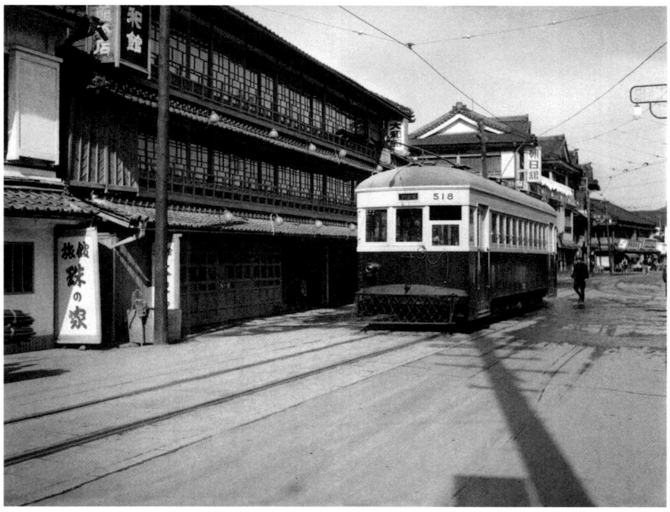


**外宮参道の旅館街**　電車は山田（現伊勢市）駅前を外宮前に向かって発車し、参道を約200〜300メートル走るとこの付近を通る。写真手前側から旅館の大和館、朝日館、山田館などが並ぶ。山田館は当時と同じ木造建物が今も残るが、この写真ではほぼ見えない。山田駅前から写真右の分岐点、本町までは単線で、本町〜古市口〜浦田町（猿田彦神社前）間は複線だった。〈伊勢市本町・昭和28年・撮影＝生地健三氏、提供＝高見彰彦氏〉

**神都線岩渕車庫**　近鉄宇治山田駅東側にあった車庫の片隅で撮影。奥に同駅ホームが見える。『運輸審議会半年報』によると昭和30年当時の神都線は乗客が減少傾向にあり、電力料、賃金などの値上がりにより経費も増加して赤字に陥っていた。単価の低い団体客が全乗客数の約40パーセントという特殊な状況で、輸送量の割に収入が低かった。現在、車庫跡は住宅地になっている。〈伊勢市岩渕・昭和30年・撮影＝佐藤進一氏〉

**神都線最後の新車**　本町に停車中のモ543号。行先表示は「内宮前」。乗務員の姿は見えず、電車と塀の隙間を女性が自転車で通ろうとしている。奥は大和館。モ541～543号は昭和12年製で、その後に車両は追加されなかった。紀元二千六百年記念祝典が挙行された同15年の前後が、神都線の最盛期だったという。戦後は廃線まで車両数の減少が続いた。〈伊勢市岩渕・昭和28年・撮影＝生地健三氏、提供＝高見彰彦氏〉

**宇治山田駅南側を走るモ543号**　伊勢警察署の庁舎（昭和33年築）から北東を撮影したと思われる。のちに同署のすぐ東に、神都線が走っていた道路（現県道22号）を跨ぐかたちで近鉄鳥羽線の高架が建設される。伊勢署は同55年、神田久志本町の現在地に移転した。旧所在地には現在、三十三銀行伊勢支店がある。奥の山は開発のため、のちに削られたようで現在は見えない。〈伊勢市岩渕・昭和33～35年頃・提供＝伊勢市〉

**宇治山田駅前**　昭和19年6月、関西急行鉄道と南海鉄道の合併により近鉄が発足。同時に三重交通神都線の「警察署前」「関急前」は「宇治山田駅前」に改称された。上下線で別々に存在した停留場を、上り線（古市口から本町行き）のみに統合したようだ。ここから北へ約100メートル歩くと宇治山田駅の駅舎に着く。写真右端の中條《ちゅうじょう》眼科は、今も同地で診療を続けている。〈伊勢市岩渕・昭和30年・撮影＝佐藤進一氏〉

**猿田彦神社前駅**　明治39年に古市口～宇治間、大正3年に宇治～内宮前間が開通。この駅は『伊勢参宮二見鳥羽朝熊岳案内』(大正8年)などによると初期は宇治停留場だったが、昭和18年当時の『地方鉄道及軌道一覧』には「猿田彦神社前」とある。同22年「浦田町」に改称、31年「猿田彦神社前」に戻った。ここから隣の終点「内宮前」までは単線である。〈伊勢市宇治浦田・昭和31～35年頃・提供＝伊勢市〉

**内宮前駅**　神都線の終点の一つで、2階建ての駅舎があった。昭和34年開業の御在所ロープウエイの宣伝看板が見える。左端は中村物産店（現勢乃国屋)。神都線の電車は同23年から数年かけて塗り替えられ、クリーム色と暗緑色の塗り分けの三重交通色に統一された。塗り替え前の電車を見た鉄道愛好家は、その色を「ウォームセピヤ」や「ブラウン」と表現している。〈伊勢市宇治今在家町・昭和35年頃・提供＝伊勢市〉

**二見駅**　明治36年、宮川電気が本町～二見間で電気鉄道事業を開始した際に開設された。〈伊勢市二見町・昭和30年代・提供＝伊勢市〉

**奥志摩フェリー①**　昭和42年、志摩観光汽船のカーフェリーが、英虞湾の入口・御座港と対岸の浜島港を結ぶ航路に就航した。船名は「さきしま丸」。写真奥はフェリー御座基地で、職員は地元の人びとから「駅長さん」と呼ばれていたという。〈志摩市内・昭和42年・提供＝溝口登志裕氏〉

**奥志摩フェリー②**　正月の光景か、日の丸を掲げたカーフェリー「さきしま丸」に向かって、浜島港から晴れ着の女性たちが手を振っている。当時、御座～浜島間航路は国道260号の海上区間であり、三重交通の観光バスなども利用していた。奥志摩フェリーは平成元年に廃止となる。〈志摩市浜島町浜島・昭和46年頃・提供＝柴原千歳氏〉

**賢島港の「パールクイーン」号**　昭和26年に伊勢志摩を巡幸した昭和天皇が乗船することになったので、船着場で入念に準備・点検をしているところだ。〈志摩市阿児町神明・昭和26年・提供＝松井耀司氏〉

**鳥羽湾遊覧**　多数の島が点在し風光明媚な鳥羽湾は、全国に広く名を知られた景勝地である。大正2年には鳥羽町に遊覧船組合が設置されており、昭和2年に大阪毎日新聞社及び東京日日新聞社主催の日本百景に鳥羽湾が選定された。現在も鳥羽湾めぐりなどの遊覧船ツアーが人気を博している。〈鳥羽市内・昭和36年・提供＝溝口登志裕氏〉

**上久具の渡し**　宮川渡船の一つで、当初は内城田小学校への通学の足であった。対岸まで張られたロープを船頭が手で繰り寄せて運航していた。料金は無料。対岸の森の中に久具都比賣《くぐつひめ》神社がある。三重県で最後まで運航された渡船であったが、平成6年の久具都比売橋開通により廃止される。〈度会町棚橋、上久具・平成元年・提供＝小岸隆氏〉

**五ヶ所港**　写真は港に停泊中の定期船「おくしまII号」。五ヶ所湾は伊勢の南玄関ともいわれ、湾内に五ヶ所の良港があり、港名の由来となっている。現在では国内最高峰といわれる外洋ヨットレース「パールレース」も開催されている。〈南伊勢町五ヶ所浦・昭和48年頃・提供＝愛洲の館〉

**山田駅前のハイヤー**　お伊勢参りの玄関口である山田駅には、他の交通機関も集中している。写真奥にはバスのりばの待合所、左手にはハイヤーの駐車場があり、三重交通の車が停まっているのが見える。手前の側車（サイドカー）付き自転車もハイヤーだろうか。〈伊勢市吹上・昭和中期・提供＝伊勢市〉

**二見名物の観光馬車**　二見浦駅から二見興玉神社の間を観光客を乗せて行き来していた。人気があったが、馬の高齢化などにより昭和50年代前半に廃止された。馬車には「赤福」の宣伝の文字。赤福が初めての支店を出したのが二見であり、昭和14年のことだった。〈伊勢市二見町茶屋・昭和43年・提供＝東岡晴海氏〉

**三重交通のボンネットバス「パール号」**　近鉄宇治山田駅にて。宇治山田と賢島を結ぶ、座席指定の定期観光バスである。エンジンが前にあるボンネットバスは、車体を大きくできない。戦後は輸送需要の拡大に対応できなくなり、エンジンが後ろに付いた箱型バスに移行していく。〈伊勢市岩渕・昭和26年頃・提供＝河中伸浩氏〉

**三重交通のボンネットバス**　剣峠を行く伊勢市駅前行きの三交バスで、南勢町まで往復した。現在ではボンネットバスはなくなり、三交バスは三重県全域に路線網を広げている。〈伊勢市宇治今在家町周辺・昭和40年・提供＝橋本理市氏〉

**オート三輪トラック**　昭和初期から走っていたオート三輪。戦後にGHQ（連合国軍最高司令官総司令部）が乗用車生産を禁止したが、民間用トラックの製造は認められた。軽便で悪路でも走るオート三輪トラックは戦後復興期に大活躍し、以降も昭和中期まで全国で走っていた。〈志摩市阿児町甲賀・昭和34年・提供＝中井勝利氏〉

**ニッサン・ジュニア**　日本を席巻したオート三輪がモータリゼーションの到来で衰退し、輸送力に優れる4輪トラックが登場。初期の主流はボンネット型だった。写真のジュニアは、日産自動車の中型ボンネットトラックとして昭和31年に発売された。同社ではオースチンのエンジンを搭載した最後の車種となった。〈鳥羽市安楽島町・昭和32年・提供＝小池つや子氏〉

**スクーターと青春**　ピジョンに二人乗りする楽しげな若い男女。当時は前川堤で記念撮影するのがトレンドだった。春には堤の桜が満開の花を咲かせる。〈志摩市阿児町鵜方・昭和26年頃・提供＝前田剛氏〉

**トヨペット・コロナ**　祖母と孫と一緒に写っている車は三代目コロナで、昭和43年に発表された後期型か。コロナは自動車の大衆化を牽引した車種の一台といわれ、当時は日産のダットサン・ブルーバードと市場を競い「BC戦争」という言葉も生まれた。この三代目でBC戦争を制し、販売台数日本一となった。〈伊勢市船江・昭和43年頃・提供＝加藤真弓氏〉

**富士重工業のラビットスクーター**　写真のラビットは阿児郵便局の上司が局員（写真提供者の父）に譲ったものだという。スクーターがまだ珍しい時代。初代のラビットスクーターは昭和21年に発売され、日本で本格的に普及した最初のスクーターといわれる。〈志摩市阿児町鵜方・昭和32年・提供＝中嶋信也氏〉

**カローラと一緒に**　女の子たちの背後には、トヨタ・カローラデラックスがある。昭和40年代は東京オリンピックを契機に主要道路の整備が進み、マイカー需要が急激に増していた。初代カローラは日産サニーとともに、日本に本格的モータリゼーションをもたらした車と称えられた。〈伊勢市船江・昭和45年頃・提供＝加藤真弓氏〉

**完成間際の参宮有料道路**　戦後、式年遷宮に関連する整備として道路建設が活発化した。例年より4年遅れで遷宮が執り行われた昭和28年には、三重県が参宮有料道路を建設。伊勢電鉄の廃線跡などを転用して敷設され、全国で最古の有料道路とされる。後に無料開放され国道23号となる。〈伊勢市中島・昭和28年頃・提供＝家田繁男氏〉

**伊勢志摩スカイラインの完成**　くす玉が割られ、大空に色とりどりの風船が舞っている。写真は起点側となる伊勢料金所。伊勢志摩スカイラインは伊勢神宮内宮付近から鳥羽市へと続く「天空のドライブウェイ」と称される観光有料道路である。令和4年から1年間、ネーミングライツで「伊勢志摩 e-POWERROAD」に改称されたことがある。〈伊勢市宇治館町・昭和39年・提供＝伊勢市〉

**朝熊山山頂展望台**　伊勢志摩スカイラインは経路の途中で朝熊山を横断しており、山頂には大型駐車場と山頂展望台がある。そこからは伊勢湾まで見渡せる大パノラマが広がっている。平成17年には展望足湯も完成している。〈伊勢市朝熊町・昭和58年・提供＝西尾一由氏〉

**朝熊山レストハウス**
スカイラインの開通年に山頂へ建てられ、朝熊山のシンボルといわれた施設である。写真は業務用温水器でヤカンに湯を注いでいるところ。頂上までドライブして来た人びとを、温かい飲み物などでもてなした。〈伊勢市朝熊町・昭和43年頃・提供＝髙木房子氏〉

**伊勢自動車道の伊勢本線料金所**
伊勢自動車道は関JCT～久居IC間が昭和50年に開通し、平成5年に伊勢ICまで延伸されて全線開通となった。年末年始ともなると伊勢神宮への参拝客で非常に混雑する道路である。〈伊勢市勢田町・平成5年頃・提供＝伊勢市〉

**伊勢二見鳥羽ラインの開通式**　正しくは伊勢二見鳥羽有料道路で、伊勢二見鳥羽ラインと通称される。伊勢市朝熊町から楠部町に至り、伊勢自動車道と直結し、鳥羽や二見を最短距離で結ぶ。平成29年に無料開放されている。〈伊勢市内・平成6年・提供＝伊勢市〉

**三重交通志摩営業所周辺のパノラマ**　営業所の裏山から見た磯部小学校方面の風景。営業所には磯部バスセンターが併設されている。東側にある的矢湾沿いに平成6年に開業した志摩スペイン村に合わせて、営業所もバスセンターもスペイン風の建物に改装されている。〈志摩市磯部町迫間周辺・昭和49年・提供＝古田儀之氏〉

**三重交通の目戸山バス停**　浜島町観光案内所や店舗も併設した待合室があった。バスガイドがバスの経路案内をするユニークな看板が見える。遠洋漁業で好景気に沸いた目戸山地区には旅館やホテル、飲食店、ヌードスタジオなどが軒を連ねた。「遠洋漁業の船に一年乗れば家が一軒建つ」といわれた時代である。〈志摩市浜島町浜島・昭和52年・提供＝柴原千歳氏〉

**磯笛《いそぶえ》峠**　昭和45年、観光需要を喚起するため、国道260号の箱田峠が磯笛峠と改称された。磯笛とは海女の息継ぎの吐息であり、この地に若い漁師と若い海女の悲恋の物語が伝承されていることから名づけられた。国道は浜島と南張を結ぶ唯一の道路でもあった。同62年に磯笛トンネルが開通し、現在は海岸沿いではなく山中を貫くバイパス道が国道260号となっている。〈志摩市浜島町浜島・昭和45年・提供＝井上博暁氏〉

**オート三輪が渡る北新橋**　勢田川に架かる北新橋がまだ木造だった頃の一枚。河岸一帯は川の港として賑わった河崎で、商人蔵が見えている。町内には魚市場があり、早朝からにぎやかだった。戦災を受けなかった町家ではこの頃もほとんどが障子に雨戸という建て付けだったという。〈伊勢市河崎・昭和33年頃・提供＝中川正氏〉

**北新橋の完成**　鉄筋造の永久橋が完成し、橋詰で神事が執り行われている。この後に橋の永からんことを願う、親子孫の三代が揃った三《み》夫婦《みょうと》たちによる渡り初めとなるのだろう。〈伊勢市河崎・昭和47年・提供＝中川正氏〉

**木造の豊浜大橋**　昭和27年に完成した初代の姿である。宮川のこの辺りには、江戸時代から御薗村高向と豊浜村磯を結んでいた磯の渡しがあり、3人程の船頭が人や自転車、リヤカーなども渡船で運んでいた。この橋が出来たおかげで人と人の交流が盛んになったという。〈伊勢市磯町、御薗町高向・昭和27年頃・提供＝野瀬周一氏〉

**磯の渡しの発着所跡**　磯の渡しは豊浜大橋の架橋により昭和27年に廃止された。写真は、豊浜の人びとがリヤカーに野菜や魚を積んで橋を渡り、山田へ商いに行くようす。宮川はかつて外宮の禊川として豊宮川と呼ばれ、後に「豊」を略したといわれる。神域と俗世の境とされ、橋がない頃は磯の渡しより少し上流にあった桜の渡しの渡船がお伊勢参りの唯一の交通手段であった。〈伊勢市磯町・昭和27年頃・提供＝野瀬周一氏〉

**小田《おだの》橋の完成**　伊勢街道の橋として、江戸時代から勢田川に架かっていた。江戸や京都に次ぐ遊郭といわれた古市《ふるいち》への入口である。新たな橋の竣工を祝い、慶谷隆夫伊勢市長を先頭に関係者一同が渡り初めを行っている。現在の橋は昭和63年に架け替えられたものである。〈伊勢市尾上町、岡本・昭和45年頃・提供＝伊勢市〉

**新南川橋の渡り始め**　永久橋の新南川橋が竣工した。来賓や神主を先頭に、親子孫三代の夫婦、関係者らが渡る。渡り始め式に三夫婦が渡るのは、三世代の長寿にあやかり、橋の永続を願う。『雑祭式講義全書』には江戸時代に三夫婦の渡り初め式が始まったともある。〈志摩市磯部町下之郷・平成2年・提供＝古田儀之氏〉

**中川大橋**　宮川に架かり、宮川流域と伊勢志摩を結ぶ幹線道路の橋である。戦後程なくして木造の橋が架けられ、渡り初め式が挙行された。4年後の昭和27年には、当時画期的であった鉄筋コンクリート橋に架け替えられ、さらに平成6年には鋼製桁橋となる。現在のこの道は主要地方道伊勢大宮線である。〈度会町坂井、麻加江・昭和23年・提供＝藤田正美氏〉

# 7 遷宮の文化

二〇年に一度、伊勢の神宮で行われる「式年遷宮」は、おおよそ三三の諸祭・行事からなる一大祭事である。第一回目は、持統天皇四年（六九〇）に皇大神宮（内宮）で、二年後に豊受大神宮（外宮）で行われ、近時は平成二十五年に第六二回が実施され、中世の一時中断期を除けば一三〇〇年余り続く伝統行事である。遷宮のクライマックスは、新造の神殿へ浄闇のなか神体を遷す「遷御」の儀で、その日のため九年弱に及ぶ準備の歳月が費やされ、令和七年は次期遷宮の準備が始まる「遷宮元年」に当たる。

遷宮は、（1）社殿等の造替、（2）御装束神宝の調進、（3）遷御・大御饌献進・奉幣等の諸儀の三場面からなる。（2）は人間国宝や専門技術者により工芸等の粋を集めた品々が奉献されるが、（1）と（3）に関わる諸祭・行事は、祭儀を神職が、造営は大工・萱葺職等が担い、そして一般人が関与する領域がある。それが「神領民」と呼ばれる地元住民が主体的に奉仕する「お木曳」「お白石持」行事である。

社殿造営には、用材の伐採・搬送と加工、建物の造立という一連の流れがあるが、長野・岐阜両県にまたがる木曽の山で伐採された檜が伊勢まで運ばれ、それらを宮中へ搬入する行事を「お木曳」と言う。伊勢市内各町で結成された八〇程の奉曳団が、慣例に従って、用材をお木曳車に載せ宮川から外宮へ運ぶ「陸曳《おかびき》」か、五十鈴川を遡行し内宮へ曳き入れる「川曳《かわびき》」を行う。他に神体を納める「御《み》樋《ひ》代《しろ》木」奉曳や正殿扉木を担当する「慶光院曳」、またかつての用材集積地・大湊町では「両宮曳」の慣例がある。奉曳団は時代や世相を反映して変化が見られ、町ごとの法被《はっぴ》（衣装）や木遣《きやり》などにも違いが表れる。「お白石持」は、「お木曳」と同様に奉献団が結成され、宮川で採取した拳大の白石を、遷御の直前に真新しい社殿の建つ内外両宮の内院へ納める「両宮持《もち》」を実施する。

お木曳等の行事は別宮の瀧原宮・伊雑宮・倭姫宮でも行われる。一方、伊勢志摩・度会郡地域の神社では神遷・御大儀などと称し、神宮に倣った形で二〇年などの定期的な社殿造替が繰り返されており、この地域の特色となっている。

（櫻井治男）

**浜参宮**　お木曳を控え、河崎南側奉曳団が二見浦の二見興玉《おきたま》神社に参拝した。多くの神領民にとって、これがお木曳の始まりといえる神事である。昭和48年に斎行される第60回式年遷宮のお木曳は第一次が同41年、第二次が42年に執り行われた。〈伊勢市二見町江・昭和41年・提供＝伊勢市〉

**御用材の水揚げ**　一之木町須原奉曳団が、宮川貯木場に着いた御用材を今まさに曳き揚げようとしているようす。陸曳の始まりだ。
〈伊勢市中島・昭和41年・提供＝水﨑恒治氏〉

**どんでん場のスロープ**　河崎南側奉曳団がソリに載せた御用材を宮川の堤の上まで曳いているようす。堤の両側につくられたスロープは「どんでん場」と呼ばれる。御用材は堤を越えて反対側に待機している奉曳車に積み替えられ、外宮まで運ばれる。
〈伊勢市中島・昭和41年・提供＝伊勢市〉

**どんでん返し①**　宮川堤の上まで曳いた御用材をシーソーのように揺らしたり引いたりする陸曳の見せ場で、木の水を切るためとも言われる。木遣り子が合図をすると勢いよく下に曳き下ろされる。写真の奥が宮川。写真は八日市場町篤友会奉曳団で、5月7日の撮影。〈伊勢市中島・昭和42年・提供＝中西和夫氏〉

**どんでん返し②**　御用材が堤を下る瞬間を捉えた迫力ある一枚。奥の家の角には、この瞬間を捉えようとたくさんの人たちがカメラを構えている。〈伊勢市中島・昭和41年頃・提供＝伊勢市〉

**一之木町須原奉曳団**　同団の奉曳車は注連縄を飾った簡素な飾り付けだが、昔から「エンヤ曳」でのスピードの速さで有名である。〈伊勢市一之木・昭和41年・提供＝水﨑恒治氏〉

**外宮領陸曳のエンヤ曳**　「エンヤ」「エンヤ」の掛け声に合わせて、奉曳車を一気に外宮北御門まで曳き込む。陸曳最後の重要な場所である。〈伊勢市豊川町・昭和41年・提供＝伊勢市〉

**船江町の奉曳車**　歴史の古い奉曳団の記念写真。第62回式年遷宮では、神領民の原点に立ち返るためにかつての雅名「神習組」を復活させた。〈伊勢市船江・昭和34年・提供＝加藤真弓氏〉

**外宮領陸曳①**　大人と同じ鉢巻を締め、法被《はっぴ》を着た子どもたちが先頭を歩き綱を曳く。第60回式年遷宮の第一次陸曳のための「上《のぼ》せ車《ぐるま》」である。上せ車はお木曳の出発点まで準備のために向かう車のこと。写真の右奥にちらりと八日市場町の奉曳車の姿。左の木造の建物は江戸時代の延宝4年（1676）にこの地で創業した漢方の老舗・小西萬金丹本舗。〈伊勢市八日市場町・昭和41年・提供＝榊原一典氏〉

**外宮領陸曳②**　子どもも女性も一緒になって本町の奉曳車を曳く。外宮参道商店街で、左奥は近年まで営業していた和菓子店の駒屋観月堂。〈伊勢市本町・昭和41年・提供＝ビジネスホテル山本〉

**内宮領川曳①**　第60回式年遷宮の第一次川曳は、昭和41年5月25日から30日にかけて行われた。写真は、浦田橋の下でソリに載せた御用材を曳く桜木町奉曳団。〈伊勢市宇治館町・昭和41年・提供＝中西和夫氏〉

**内宮領川曳②**　第61回式年遷宮の第一次川曳を行う二軒茶屋奉曳団。御用材が今まさに新橋の下を通過するところで、橋のたもとの向こう側に赤福本店の瓦屋根が見える。〈伊勢市宇治浦田、宇治館町・昭和61年・提供＝志摩市歴史民俗資料館〉

**宇治橋の架け替えを祝う①**　昭和48年の第60回式年遷宮の4年前に、新しい宇治橋が竣工した。同44年11月2日、旧神領民の三世代夫婦を先頭に渡始式が挙行された。同日午後は写真のパレードをはじめ、木遣り行進などさまざまな催し物が行われて宇治橋の架け替えを祝った。場所は伊勢市駅から外宮前に至る本通。〈伊勢市本町・昭和44年・提供＝伊勢市〉

**宇治橋の架け替えを祝う②**　前ページ下写真の反対側を向いて撮影したもの。写真奥が外宮方面。本通には「祝宇治橋渡りぞめ」と書かれた横断幕や万国旗が飾られている。人通りも多く、町全体がお祝いムード一色となっている。〈伊勢市本町・昭和44年・提供＝伊勢市〉

**宇治橋渡初式記念**　宇治橋の渡り初めに参加した三世代夫婦の記念写真。11月3日の撮影で奥には真新しい宇治橋が写る。当時は遷宮と同じ年に宇治橋が新設されていた。昭和24年に予定されていた第59回式年遷宮は延期となったが、宇治橋の架け替えは予定通り実施された。これにより現在まで、宇治橋の架け替えは遷宮の4年前に行われるようになった。〈伊勢市宇治館町・昭和24年・提供＝西尾一由氏〉

**昭和28年のお白石持**　馬瀬川を渡る馬瀬団奉献車。お白石奉献から帰るところである。現在の県道748号大湊町停車場線と思われる。当時の馬瀬川周辺は埋め立てられておらず、川幅が広かった。〈伊勢市馬瀬町・昭和28年・提供＝林喜久郎氏〉

**第60回式年遷宮のお白石持①**　伊勢神宮に敷かれる「お白石」を、奉献団員たちが宮川で拾い集めて奉献する。3～8センチの白い光沢のある石が適していると言われる。昭和48年3月の撮影。〈伊勢市内・昭和48年・提供＝伊勢市〉

**第60回式年遷宮のお白石持②**　宮川の河原で集められた「お白石」が奉献車に載せられて曳かれている。お白石は丁寧に洗い清められて樽に入れられ、注連縄を張った各団体の保管場所に安置される。〈伊勢市内・昭和48年・提供＝伊勢市〉

**第60回式年遷宮のお白石持③**　内宮は昭和48年８月18日から23日にかけて行われた。この時の奉献団は内宮・外宮合わせて総数78団、特別奉曳車２台で、早朝から夕方まで「エンヤ」の声が響きわたった。写真は吹上町奉曳団。〈伊勢市宇治館町・昭和48年・提供＝個人蔵〉

**第60回式年遷宮のお白石持④**　馬瀬町奉献団が、宇治橋鳥居の前を通る。第60回式年遷宮から初めて「一日神領民」制度が実施され、全国からの参加者も旧神領地等の奉献団と一緒にお白石持行事に参加した。〈伊勢市宇治今在家町・昭和48年・提供＝林喜久郎氏〉

**第60回式年遷宮のお白石持⑤**　宇治橋前に着いた吹上町の奉献車から、お白石が降ろされているようす。お白石は樽に入ったまま、大八車に移し替えられる。〈伊勢市宇治館町・昭和48年・提供＝個人蔵〉

**第60回式年遷宮のお白石持⑥**　楠部町奉献団の団員たちが、宇治橋の上を渡っている。大八車に載せられたお白石は伊勢神宮神苑内まで運ばれ、その後団員たちが清浄な白布に包まれたお白石を奉献する。〈伊勢市宇治館町・昭和48年・提供＝伊勢市〉

**第2回目の初穂曳**　初穂曳は、その年に収穫された新穀を伊勢神宮に奉納し、神嘗祭を奉祝する行事。式年遷宮に行われる「お木曳」と「お白石持」を次世代に継承する目的で考案され、昭和47年に初めて開催し、以降毎年行われている。写真は第2回目の昭和48年10月15日に、伊勢市駅近くにある小がわビルから撮影されたもので、一行はこれから伊勢市駅方面へと向かう。〈伊勢市吹上・昭和48年・提供＝小川和美氏〉

**伊雑宮遷宮祭①**　第60回式年遷宮が昭和48年に両正宮で行われ、皇大神宮（内宮）別宮である伊雑宮では翌49年11月に執り行われた。この日は遷宮を祝って磯部町下之郷地区の里中組の神輿が繰り出し、提灯行列も出た。〈志摩市磯部町下之郷・昭和49年・提供＝古田儀之氏〉

**伊雑宮遷宮祭②**　磯部町下之郷地区の上野組は御田植祭の時に着用する装束で行列に参加した。伊雑宮の御田植式は日本三大御田植の一つとして知られ、「磯部の御神田」の名で国の重要無形民俗文化財に指定されている。〈志摩市磯部町下之郷・昭和49年・提供＝古田儀之氏〉

**相差《おうさつ》神明神社のお木曳**　旧長岡村の村社であった同社は明治41年に日天八王子社ほか数社を合祀し神明神社となった。通称「石神さん」と呼ばれる境内社・石神社でも有名である。写真は昭和34年の第5回御造営。平成26年にはこの時以来55年ぶりに遷宮が行われ、社殿が新しくなった。〈鳥羽市相差町・昭和34年・提供＝個人蔵〉

**桃取八幡神社遷宮時の餅まき**　答志島の桃取町にある八幡神社の遷宮が平成2年に行われた。写真は、遷宮祝いの餅まきの開始を今か今かと待つ島民のようす。遷宮は20年ごとに開催されている。〈鳥羽市桃取町・平成2年・提供＝齋藤喜美子氏〉

**八代神社の遷宮**　神島の八代神社は島の氏神であり、三島由紀夫の小説「潮騒」に登場する場所の一つである。200段を超える石段の上にあり、海の神様である綿津見命《わだつみのみこと》を祀る。写真は昭和39年の遷宮のようす。同社の銅鏡などの神宝は「伊勢神島祭祀遺物」として国の重要文化財に指定されている。〈鳥羽市神島町・昭和39年・個人蔵〉

**錦神社の御造営**　旧錦村の村社である錦神社で、20年に1度の式年御造営が行われた。この行事は御造営を機に大漁・豊作、家内安全を願って何百年も続いてきた。御造営を記念した奉祝祭が開催され、各地区の出し物が通りをパレードし、大いに賑わった。〈大紀町錦・昭和50年・提供＝西村良穂氏〉

**藤八《や》柱《はしら》神社の遷宮の棟上式**　20年に一度行われる遷宮により新しい社殿が出来上がり、棟上式を行っているところ。この後には餅まきが開催された。〈大紀町永会藤・平成4年・提供＝清水浩行氏〉

**藤八柱神社の稚児行列**　遷宮の行事に向かう稚児行列のようす。地域の多くの人びとが集い、力を合わせて遷宮を執り行った。〈大紀町永会藤・平成4年・提供＝清水浩行氏〉

# 8 祭りと行事

伊勢地方では冬祭りが「神事《じんじ》」、夏祭りは「会式《えしき》」と呼ばれている。地域の祭り、行事は、神社や寺院、集落の広場や海辺、小高い山等で行われる。また、伊勢志摩、度会郡地域の海辺は入り組んだリアス海岸が続く地勢で、湾や島嶼《とうしょ》ごとに多種多様な祭事が行われる一方で、共通した祭礼習俗も見られる。さらに、鳥羽、志摩は国内で海女数が最多の地域であることから特有の祭礼も行われてきた。一方、行政等の主導による新しい祭りにも「伊勢えび祭」「お伊勢大祭り」のように地域色が反映されている。ただし、少子高齢化の影響で祭りの担い手の確保に課題を抱え、近年の新型コロナの発生もあり、中断された伝統的な祭り、行事の再開や復興が困難な状況も見受けられる。

この地域に多い正月・新春行事としては獅子舞や弓引き（歩射）神事があげられる。獅子舞は集落単位で行われ御頭神《おかしらしん》事《じ》とか単に神事《じんじ》と呼ばれ、八幡社に多い弓射行事とともに一年の除災や豊漁豊作を祈念する主旨を持っている。稲作に関わる行事として、猿田彦神社（伊勢市）や伊雑宮（志摩市）の田植祭は有名で民俗文化財の指定を受けている。富士山の山開きとなる七月初旬前後には、センゲン（浅間）祭が盛んに行われてきた。集落内の浅間山へ登拝して御幣を立てたり、水垢離、浅間踊、富士塚の設営、中年の富士山参りなども見られる。また七月は、天王、祇園祭が各所で催され、ダンジリ、山車の登場、多数の提灯の掲揚、花火もなされる。天王は愛知県の津島神社、祇園は京都市の八坂神社に由来している。

盆の時期は新亡や先祖の供養として、カンコ踊り、念仏踊りと称する羯鼓《かんこ》を打ち鳴らしての踊りが行われる。かつては柱松行事（鳥羽市）も盛んであった。

生業と密着したものとしては、海女主体のノット正月（鳥羽市国崎町）、しろんご祭（同菅島町）、潮かけ祭（志摩市和具町）があり、船漕ぎ競争（国崎町）や板魚（南伊勢町相賀町）といった漁村特有の祭礼もなされる。また儀式の終わりに、精霊や厄神を海上へ送るオヤレと呼ばれる行事、さらに大きな作り物が登場するゲーター祭（鳥羽市神島町）、ワラジ祭（志摩市大王町波切）も特徴的といえよう。

（櫻井治男）

**佐八《そうち》のカンコ踊り**　伊勢市内に伝わる精霊供養の盆行事。8月16日の夜、焚き火を囲み、胸に羯鼓という太鼓を吊るして激しく舞い踊る。佐八地区のほか、円座、中小俣、下小俣、御薗町の上條や小林で行われている。〈伊勢市佐八町・昭和49年・提供＝柴原千歳氏〉

**お伊勢大祭①**　伊勢おおまつりとも呼ばれていた。場所は伊勢市駅前である。もともと伊勢神宮の神嘗祭という、その年の初穂を天照大神に捧げる祭りと同じ日に開催されていた。昭和47年になると、お木曳やお白石持が20年ごとの開催であることから、奉曳の技術伝承を伝えるために「初穂曳」が行われるようになった。平成21年からは伊勢まつりという名前になり、現在は9月下旬から10月上旬に行われている。〈伊勢市吹上・昭和40年頃・提供＝伊勢市〉

**お伊勢大祭②**　パレードと見物人たち。写真正面のビルの看板に書かれている「王将」は伊勢湾で活躍した水中翼船の名前である。〈伊勢市本町・昭和40年頃・提供＝伊勢市〉

**お伊勢大祭③**　神事だけでなく、この写真のように華やかな踊りも披露される楽しい祭りである。
〈伊勢市本町付近・昭和50年・提供＝林喜久郎氏〉

**お伊勢大祭④**　高柳商店街で昔ながらの旅姿に扮して御遷宮をPRしている。
〈伊勢市曽祢・昭和46年・提供＝ビジネスホテル山本〉

**神田《しんでん》御《お》田《た》植初《うえはじめ》①**　神嘗祭をはじめとする伊勢神宮の諸祭典で使われる御料米（イセヒカリ）の早苗を植える神事である。楽人が笛や太鼓で田楽を奏でるなか、楠部町の神宮神田御田植祭保存会が衣装も作法も古式に則り手植えする。県指定無形文化財である。〈伊勢市楠部町・昭和37年・提供＝中西和夫氏〉

**神田御田植初②**　御田植えにのぞむ神宮神田御田植祭保存会の面々が、楠部公民館前にて記念撮影。並び立つ2本の大きな団扇は「ごんばうちわ」と呼ばれるもので、縁起の良い大黒様と恵比寿様が描かれており、御田植えが終わると二枚の団扇を合わせて豊作を願う「団扇合せ」を行う。〈伊勢市楠部町・昭和33年・提供＝豊田さと子氏〉

**猿田彦神社の御田《おみた》祭**　南北朝時代から伝わる豊作と豊漁を願う祭り。桃山時代風の衣裳を身につけた男女16名が田楽の囃子にのって苗を植える。田植えが終わると、大団扇を打ち合わせる「団扇角力《うちわずもう》」や豊年踊、そして大団扇を破る「団扇破り」が行われる。団扇の紙片は無病息災の縁起物として重宝される。〈伊勢市宇治浦田・昭和37年・提供＝中西和夫氏〉

**河崎天王祭**　河崎の河邊《かわべ》七種《ななくさ》神社《じんじゃ》に祀られる牛頭天王（須佐之男命）の夏祭り。「てんのうさん」と親しまれている。神輿や仮装行列、鼓笛、夜店、河崎音頭などが行われる。写真は仮装行列が終わった後のひとコマ。祭りのクライマックスは勢田川で披露される水中金魚花火。小ぶりの花火が水面を滑りながら輝き、最後はパンパンパン！と大きな音を響かせる。〈伊勢市河崎・平成2年・提供＝中川正氏〉

**朝熊町の盆踊り**　朝熊の盆踊りといえば由緒ある河崎音頭が有名だが、これはフォークダンスを写したもの。青年団が主体となって実行した。若者らが楽しげに手を取り合っている姿が微笑ましい。〈伊勢市朝熊町・昭和42年・提供＝橋本理市氏〉

**高向《たかぶく》御頭《おかしら》神事①**　例年2月に行われる高向大社の年中行事。地元では「ジンジ」と呼ばれる。国指定重要無形民俗文化財である。御頭は獅子の頭のことで、御神体である。養和年間（1181～1182）に飢饉が起きたため、御頭によって悪疫を祓い豊作を祈ったと伝わる。写真は「七起しの舞」。素戔嗚尊のヤマタノオロチ退治の神話をかたどったもので七段構成になっている。〈伊勢市御薗町高向・昭和60年・提供＝早川繁一氏〉

**高向御頭神事②**　祷屋《とうや》での七起しの舞の一場面。獅子頭は長暦2年（1038）に作られたものといわれており、歴史のある神事である。〈伊勢市御薗町高向・昭和60年・提供＝早川繁一氏〉

**磯部神社例大祭①**　この年の当番だった磯部町下之郷区の出し物。当番となる各地区ではいろいろな出し物を考案して祭りを盛り上げた。例大祭は毎年11月11日に開催される。磯部神社は明治後期に村内の十の字の各社を合祀したのが始まりで、天照大神の子である天忍穂耳尊《あめのおしほみみのみこと》らを祀る。〈志摩市磯部町下之郷・昭和47年・提供＝古田儀之氏〉

**磯部神社例大祭②**　磯部町の伝統芸能である磯部楽打《がくうち》の披露。戦国時代の九鬼水軍の出陣太鼓とも伝えられており、400年を超える歴史を誇る。叩く姿も音色も勇壮だ。〈志摩市磯部町・昭和50年代・提供＝山路宗平氏〉

**伊雑宮《いざわのみや》御田植式《おたうえしき》①**　伊雑宮は志摩市磯部町に鎮座する内宮の別宮。祭りの始まりは鎌倉時代もしくは平安時代の末期ともいわれ、「磯部の御神田《おみた》」の名で国の重要無形民俗文化財に指定されている。写真は見どころの一つの「竹取神事」。地域の青年が大きな団扇のついた忌竹《いみだけ》を田んぼの中で泥まみれになって奪い合う。〈志摩市磯部町上之郷・昭和49年・提供＝山路宗平氏〉

**伊雑宮御田植式②**　古式ゆかしい衣装に身を包んだ田道人《たちど》と早乙女。小謡のしらべに乗って早苗を植えていく。祭りを支えるのは磯部九郷といわれる地区で、7年に一度の持ち回りで奉仕する。この時の勤番は下之郷だった。〈志摩市磯部町上之郷・昭和58年・提供＝古田儀之氏〉

**潮かけ祭①**　海の安全を守る女神・市岐島姫命《いちきしまひめ》が年に一度、和具の八雲神社から沖にある無人島の大島へ里帰りすることを祝う。大島祭りとも呼ばれ、約800年の歴史がある。写真は大島にて舞や海の幸を奉納し、海女や漁師らが安全と豊漁を祈願しているところ。この年は6月27日に開催された。〈志摩市志摩町和具・昭和46年・提供＝柴原千歳氏〉

**潮かけ祭②**　大島の浜で神事が終わると、バケツやホースで海水を激しくかけ合う。天下ご免の奇祭として知られる由縁だ。〈志摩市志摩町和具・昭和46年・提供＝柴原千歳氏〉

**潮かけ祭③**　神事を終えて大島からすべての船が和具漁港に戻ると、祭りはクライマックスへ向かう。船上からお互いの船に向けて一斉に潮かけが始まる。潮を浴びると無病息災という。〈志摩市志摩町和具・昭和50年代後半・提供＝濵口公一氏〉

**わらじ祭①**　9月に開催される波切地区の伝統行事。一つ目で片足の巨人ダンダラボウシ（ダンダラボッチ）が村を荒らすので、村人たちが畳一枚ほどの大わらじを作って怖がらせて退散させたという言い伝えにちなむ祭り。厄除けや海上安全を願う。地元の若者に担がれたわらじは、波切神社から海へと運ばれる。〈志摩市大王町波切・昭和47年・提供＝柴原千歳氏〉

**わらじ祭②**　曳かれてきたわらじは、大王崎灯台となりの須場の浜にて海へ流される。300年以上の歴史があり、三重県の無形民俗文化財に指定されている。〈志摩市大王町波切・昭和47年・提供＝柴原千歳氏〉

**わらじ祭③**　当時は大人も子どももたくさん集まり、写真のように「波切音頭」のパレード行列も出て賑わっていた。〈志摩市大王町波切・昭和60年頃・提供＝西村日出子氏〉

**片田の八雲神社の天王祭**　同社は須佐之男命を牛頭天王と称して産土神として祀っている。7月に行われる天王祭は多くの人で賑わう。〈志摩市志摩町片田・昭和43年・提供＝個人蔵〉

**船越の火まつり**　大晦日の夜、若者らが前浜に集い、燃えさかる焚き火を丸太で突き上げてて火の粉を空に舞い上げる。トトツリアイともいい、元旦の朝にかけて続けられる。火の粉は海に入ると魚に変わるといわれ、豊漁を願う行事である。〈志摩市大王町船越・昭和50年・提供＝小林二三代氏〉

**宇氣比《うけひ》神社（浜島）の例大祭①**　同社は浜島地区の守り神であり、境内に祀られている「鼻欠け恵比寿」が篤く信仰されてきた。10月に例大祭が行われる。写真は10月14日開催の前夜祭で、浜島音頭を奉納しているところ。手前の車では音頭を演奏し、後ろに踊り手がずらりと続く。このような大掛かりな祭りはこの年が最後となったので貴重な一枚である。〈志摩市浜島町浜島・昭和45年・提供＝柴原千歳氏〉

**宇氣比神社（浜島）の例大祭②**　祭り本番の10月15日、名物の船神輿を担いだ青年団の若者たちが、神社から駆け降りて勇壮に町へと繰り出す。かつては浜島の町のすみずみまで威勢よく神輿が巡ったが、現在は山車や踊りに代わっている。〈志摩市浜島町浜島・昭和45年・提供＝柴原千歳氏〉

**宇氣比神社（浜島）の例大祭③**　前ページ下の写真の車を後ろから写している。今と違って録音したものを流すのではなく生歌と生演奏だった。アコーディオンを弾いているのは若き日の写真提供者。〈志摩市浜島町浜島・昭和45年・提供＝柴原千歳氏〉

**安乗の人形芝居**　安乗文楽とも呼ばれる。例年9月に安乗神社境内の安乗人形芝居舞台にて開催され、400年以上続いている。3人で一体の人形を遣い、細やかな動きを表現する。発祥は16世紀の朝鮮出兵の折に安乗神社に参拝した九鬼嘉隆をもてなした地元住民たちの芸能に遡るとされる。国指定重要無形民俗文化財である。〈志摩市阿児町安乗・昭和46年・提供＝柴原千歳氏〉

**真珠祭**　真珠の母貝であるアコヤガイの供養と、真珠養殖業界の振興を願う。昭和26年に始まって以来、毎年10月22日に賢島で開催されている。供養塔で法要した後は、写真のように賢島港でアコヤガイの放生《ほうじょう》や真珠を海に戻す催しが行われる。〈志摩市阿児町神明・昭和27年頃・提供＝松井耀司氏〉

**甲賀《こうか》の大念仏行事**　新しく亡くなった方を供養するために、お盆の夕方から大念仏や地囃子、和讃などを行い、最後に写真の鼓踊《こおどり》を舞う。奥に備え付けられているのは大きな位牌である。〈志摩市阿児町甲賀・昭和40年代・提供＝中井勝利氏〉

**鵜方獅子舞神事**　宇賀多神社に室町時代から伝わるとされる歴史あるお祭り。新年の三が日に奉納される。獅子頭は和紙で作られており30キロの重さがあるという。後列左から3番目に写真提供者のおじが写る。〈志摩市阿児町鵜方・昭和44年・提供＝中嶋信也氏〉

**宇氣比神社（立神）のひっぽろ神事**　一年の豊作を祈り、お正月に獅子舞や小屋破り、火祭りなどを行う。「ひっぽろ」の名は、楽師が奏でる横笛の音が「ヒッポロ、ヒッポロ」と聞こえることから付けられたという。かつては3日間に及ぶ神事であったが、現在は担い手の減少により日数を減らして開催している。〈志摩市阿児町立神・昭和33年頃・提供＝志摩市歴史民俗資料館〉

**ささら踊り**　立神地区でおよそ220年前から続くお盆の伝統行事。5年に一度開催され、過去5年間に亡くなった人を弔う。子どもらが竹で作られた楽器「ささら」を鳴らして踊る。県指定の無形民俗文化財。〈志摩市阿児町立神・昭和33年頃・提供＝志摩市歴史民俗資料館〉

**ノット正月**　藁で造った舟「歳徳丸」に正月神を乗せて送り出し、海上安全や豊漁を祈る。「ノット」は神への祝詞《のりと》に由来する言葉である。海女を中心として女性のみで行われる点で、全国的にも珍しい行事。こよりをつないでひも状にして帆綱を張り、そして舳先に御幣を立てて舟が完成すると鈴《りん》が鳴らされ、火を点けて前の浜から海へ押し出される。〈鳥羽市国崎町・平成2年・提供＝鳥羽市立海の博物館〉

**小浜の夏祭り**　今では見られなくなったタイ神輿の貴重な写真である。漁業関係者らが船を繰り出し豊漁を祈願する。「小浜のタコ釣り」と言えば有名であった。〈鳥羽市小浜町・昭和27年頃・提供＝石原ふじ氏〉

**安楽島の天王祭**　毎年7月に開催され、満留《まる》山《やま》神社の神事とともに若衆組による地芝居が盛んに行われてきた。ソーラン節などの踊りやカラオケなども取り入れ、現在も楽しい祭りとなっている。〈鳥羽市安楽島町・昭和63年・提供＝小池つや子氏〉

**河内の火祭り**　志州鳥羽の水軍武将・九鬼嘉隆の命により、嘉隆の甥にあたる澄隆の供養と初盆供養、戦死者供養のために天正19年（1591）に始められたとされる。かつては加茂五郷（船津、河内、岩倉、松尾、白木）が共通墓地の隠田や岡で行なっていた。昭和62年、国指定重要無形文化財「志摩加茂五郷の盆祭行事」となる。8月14日に「念仏」と称する踊りがあり、翌15日深夜に高さ約10メートルの柱松を盛大に燃やす。この写真は、若い衆が燃える柱松を皆で引っぱり倒して火まつりが終わりを迎えるシーンである。〈鳥羽市河内町・平成3年・提供＝中村陽子氏〉

**松尾の火祭り**　河内の火祭りと同じく「志摩加茂五郷の盆祭行事」のひとつ。写真は開始前のようすである。火柱供養ともいわれ、祭りではこの柱に向かって若者らが松明を投げ入れて燃やし、最後は豪快に倒す。柱の倒れる方角によって吉兆を占った。現在は楽《か》供《く》打《う》ちによる念仏供養のみで、火柱は見られなくなった。〈鳥羽市松尾町・昭和40年・提供＝溝口登志裕氏〉

**八幡神社の御神祭・弓引き神事**　答志島の桃取地区で毎年2月11日に豊漁を祈願して開催される。八幡神社の下に弓場をしつらえ、3人の男性が射手となって神様の方へ向かって矢を射る。矢は1回につき2本放たれ、これを3回繰り返す。左端の男性は写真提供者の夫。〈鳥羽市桃取町・昭和35年頃・提供＝齋藤喜美子氏〉

**ゲーター祭**　鳥羽の沖合に浮かぶ神島の氏神・八代神社の祭り。元日の夜明け前に開催される。祭りは「輪《アワ》」と呼ばれる直径2メートルほどの白い輪を作るところから始まり、これを若者らが担いで「ヨイサ、ヨイサ、ヨイヨイ」の掛け声で繰り出すと、島の男たちが御幣を先端に付けた「ゲーロー竹」で輪《アワ》を激しく打つ。その後、輪《アワ》は島の南にある庚申塚に向かい、お参りした後に東の浜に運ばれる。そこで祭りは最高潮を迎え、ゲーロー竹により空高く突き上げられる 。写真はその時のようす。輪は高く上がるほどその年は豊漁になる 。輪《アワ》については諸説あり、「災いをもたらすニセの太陽をかたどったもの」であるとか「海の女神の象徴」とも言われる。〈鳥羽市神島町・平成2年・提供＝鳥羽市立海の博物館〉

**山神の獅子舞**　山田寺《さんでんじ》の境内で、1月の最終日曜日に開催される。僧侶が大般若経を読んだ後、天狗による舞が始まる。見物人が天狗に松ぼっくりを投げつける。怒った天狗は見物人を扇子で軽く叩いたり、追いかけたりする。そこへ獅子が登場し魔物を退散させる。室町時代から伝わるお祭りで、県指定の無形民俗文化財。〈玉城町山神・昭和50年代頃・提供＝玉城町教育委員会〉

**勝田の浅間さん**　浅間信仰は富士信仰と結ばれており、伊勢志摩からも晴れた日に富士山が見えることもある。写真は田丸神社の境内にある浅間神社の神事。男衆は川に入り水垢離を取り、身を清めてから浅間神社に幣を持って参詣する。〈玉城町勝田・昭和62年頃・提供＝玉城町教育委員会〉

**田丸神社の秋季例大祭**　天神神輿を氏子たちが担ぎ町々を渡る。写真は本町通。田丸城跡北にある同社は、元禄15年（1702）に京都の北野天満宮から菅原道真公を勧請し、主祭神として祀っている。〈玉城町田丸・昭和40年代・提供＝田中敬一氏〉

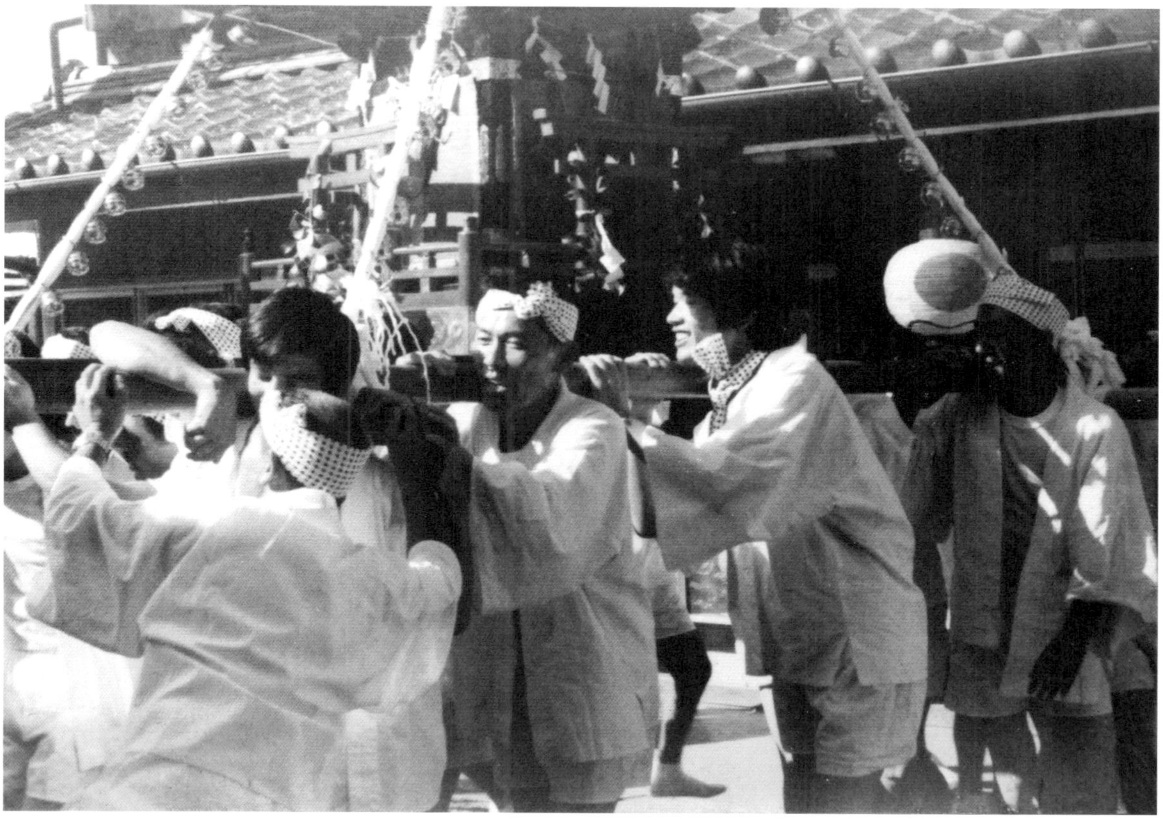

**さくら祭り**　花見の名所として知られる田丸城跡で開かれる春の名物祭り。ステージが設けられ田丸城太鼓や吹奏楽などが楽しめるほか、地域の名産品が並んだり、桜のライトアップも行われたりする。〈玉城町田丸・昭和54年・提供＝玉城町教育委員会〉

**伊勢地カンコ踊り**　かつては豊作の年に踊られていたが昭和47年からは盆行事として毎年踊るようになった。町の無形民俗文化財に指定されているが、現在は担い手不足のため休止している。〈南伊勢町内・昭和40年代・提供＝東宮資料保存館〉

**宿田曽神祭港まつり**　11月に行われる八柱神社の祭り。写真は婦人会の踊りである。宿田曽地区はかつて日本有数のカツオやマグロの遠洋漁業の港であったことから、祭りではカツオ神輿やタイ鯛神輿、船神輿が担がれる。奥の建物は漁協組合。〈南伊勢町田曽浦・昭和45年・提供＝柴原千歳氏〉

**礫浦《さざらうら》の浅間祭**　浅間山の山頂に長さ5メートルほどの竹を立て、豊漁や家内安全を祈願する。写真は、祭りで使う竹を用意しているようす。〈南伊勢町礫浦・昭和40年代・提供＝愛洲の館〉

**内瀬《ないぜ》の金毘羅祭り**　海の安全や豊漁を祈願をして金比羅神社に参拝する。かつては毎年4月10日に開催されていた。写真は子ども神輿である。神輿も旗もすべて手作りしたという。〈南伊勢町内瀬・昭和59年代・提供＝愛洲の館〉

**迫間浦《はさまうら》の天王祭**　船で丸島の海津見《わたつみ》神社へ向かい、海の安全を祈願する。丸島祭りともいう。式典の後は潮かけも行われる。〈南伊勢町迫間浦・昭和40年代・提供＝愛洲の館〉

**板《いた》の魚《うお》**　南伊勢町相賀浦の大賀《おうか》神社の秋の例大祭に行われる神祭。塩漬けにしたマグロ、カツオ、タイを畳一枚分の大きなまないたの上に載せ、神前に供えて大漁を祈願する。「この魚は塩加減も上々。今年も大漁間違いなし」と、検分役が大声で叫ぶのが見どころの一つ。神事が終わると魚は切り分けられ、「塩もん」と称して地域の住民たちに配る。神祭の終わりには祭りの当番を引き継ぐ「当屋の受け渡し」の儀式があり、「お山さん」という山盛りの赤飯の入った竹籠を新しい当屋のおかみさんの頭に載せる独特な風習も見られる。〈南伊勢町相賀浦・平成6年・提供＝鳥羽市立海の博物館〉

**道方の虫送り**　初夏、稲の害虫を火と煙で追い払い五穀豊穣を祈願する行事。農薬が普及するまで害虫の脅威は深刻だったため、このような風習が残っている。郷愁を誘う光景である。〈南伊勢町道方・昭和40年代・提供＝東宮資料保存館〉

**道方カンコ踊り**　毎年8月15日の夜に生活改善センターの広場で行われていた民俗芸能。町指定の無形民俗文化財で、子どもから大人まで太鼓を打ち鳴らしながら踊る。伊勢志摩一帯で見られるカンコ踊りの一つであるが、道方では精霊供養の意味が大きいという。平成27年に終了となり、現在はお盆行事の精霊送りが行われている。〈南伊勢町道方・昭和40年代・提供＝東宮資料保存館〉

**奈屋浦の獅子舞**　元旦に披露される町指定無形民俗文化財の神事。写真は笹の舞。座って竹を支えているのは天狗である。古くは江戸時代から始まったとされ、ボラ漁の豊漁を祈願する祭りであったという。〈南伊勢町奈屋浦・昭和40年代・提供＝東宮資料保存館〉

**竈方《かまがた》祭り①**　大方竈地区はおよそ700年前に平家の落人が移り住みできた集落であり、塩焼き竈による製塩を行っていたという。竈方祭りは正月5日に開催され、写真のように多くの住民が集まり、弓引きなどで盛り上がった。〈南伊勢町大方竈・昭和30年代・提供＝東宮資料保存館〉

**竈方《かまがた》祭り②**　立派な御座船《ござぶね》。船で出陣する平家の軍勢を表現しているとされ、祭りの参加者はこの船に乗って祭りに馳せ参じた。昭和38年に途絶えたが、平成28年に住民らの尽力により復活した。現在は輪番制は廃止し、隔年開催に変更して続いている。〈南伊勢町大方竈・昭和30年代・提供＝東宮資料保存館〉

**錦の八幡祭①**　錦八幡神社の山車を曳く男衆たちがいきいきとした表情を浮かべる。かつては旧正月の10日に開催されていたため、十日日《とおかび》祭りと言われていた。大漁や無病息災を祈る。〈大紀町錦・昭和43年・提供＝西村良穂氏〉

**錦の八幡祭②**　15歳から25歳までの男女約150人で構成する錦青年団の青年団長が山車に乗り、御幣を振る。祭りの花形であった。〈大紀町錦・昭和49年・提供＝西村良穂氏〉

# 9 ふるさとの出来事

戦前期の大きな出来事（イベント）には、明治三十八年の明治天皇の日露戦争戦勝奉告、大正天皇および昭和天皇即位時の神宮参拝、式年遷宮（「遷宮の文化」の章参照）、昭和五年の御遷宮奉祝神都博覧会などがある。これらイベントには多数の人びとが参加し、「神都」伊勢の姿が全国にアピールされた。

終戦後、伊勢神宮の参拝者は激減した（戦前期最大八〇〇万人。昭和二十二年は八〇万人）。地域の活性化は急務であり、起爆剤として実施されたのが昭和二十三年の平和博覧会である。宇治山田駅前や倉田山など市内各所の会場にアメリカ文化館や憲法館などのパビリオンが並び、約六五万人が来場した。伊勢志摩国立公園の指定と共に、観光地としての伊勢の姿を発信する重要な機会となった。その後も二十九年にお伊勢大博覧会、三十三年に伊勢参宮博覧会が開かれた。

昭和三十年の宇治山田市、豊浜村、北浜村、四郷村、城田村合併の祝賀式（この時に宇治山田市を廃止し伊勢市誕生）や、同年の阿児町誕生（現在は志摩市の一部）パレードなど、自治体関連の行事も開かれた。また、神宮に奉納される相撲、高度経済成長期以降に整備された体育施設での競技大会なども行われた。

イベント以外の出来事には、①社会運動、②映画のロケ、③天皇・皇族の来訪、④自然災害、がある。

①は一九五〇年代の三重県内での労働運動の活発化を背景とするもので、この地域でも東洋紡績や横浜ゴム、山田赤十字病院などで賃上げ闘争やメーデーの闘争が行われたほか、平和運動や部落解放運動も展開された。

②としては、「君の名は」（昭和二十六年）、「ゴジラ」（同二十九年）、「潮騒」（三十九年／五十年）、「男はつらいよ」（六十二年）などが挙げられる。

③は昭和二十六年の昭和天皇巡幸をはじめ、多数の皇族による伊勢志摩への行幸啓が行われたもので、式年遷宮や植樹祭への参加、結婚奉告など皇室の行事の一環で訪問が行われた。

④に関しては複数の事例がある。昭和十九年の昭和東南海地震では伊勢志摩地域にも被害が出た。戦後では同三十四年の伊勢湾台風、三十五年のチリ地震津波、四十九年の七夕豪雨（台風八号）が特に人的、物的被害がともに大きく、現在の高い防災意識と防災のための街づくりへの契機となった。

（長谷川怜）

**如雪園でプロレス**　現在の神宮会館の敷地にはもともと内宮禰宜・中川経高《つねたか》の山荘が建っており、その庭園を参宮者の休憩所として大正9年に開放したのが如雪園である。雪が降る如く花が咲き乱れる花の名所だったことから名付けられた。園内では講演会や林間学校などさまざまな催しが行われ、写真のようにプロレスを呼んだこともあった。力道山をはじめとするプロレスブームの真っ只中、さぞ盛り上がったことであろう。〈伊勢市宇治中之切町・昭和30年頃・提供＝中川正氏〉

**村民慰安大演芸大会**　若手で結成された楽団「岡青」が凛々しく舞台に立つ。下外城田村時代の昭和21年10月10日に開催された岡出地区の演芸大会である。主催は岡出青年団、後援は岡出中老会。自ら復興を遂げようとする市民たちの力によって開かれた。参加者は平和と文化の喜びをかみしめて味わった。〈玉城町岡出・昭和21年・提供＝松尾敏一氏〉

**平和博覧会①**　神宮と宇治山田市の観光復興のために、昭和23年3月31日～5月31日の62日間にわたり開催された。主催は宇治山田市と宇治山田商工会議所。発案したのは昭和5年開催の神都博覧会の協賛会会長として活躍した北岡善之助（宇治山田市長）である。倉田山の神宮徴古館を中心とする「中央会場」、宇治山田駅前を中心とする「西会場」、旧伊勢電鉄大神宮前駅跡周辺の「外宮前会場」、宮町駅周辺の「宮町駅前会場」と会場を分散して行われた。写真は中央会場入り口。〈伊勢市神田久志本町・昭和23年・提供＝伊勢市〉

**平和博覧会②**　メイン会場である中央会場のようす。徴古館を利用して日本各地の工業製品を展示した。また、時代を象徴するように「アメリカ文化館」「機械館」などが建ち並ぶ。この博覧会の宣伝活動は活発に行われ、集団お見合い大会を開いたり、前売り券の懸賞品に「文化住宅一軒」「花嫁道具」「牛一頭」を揃えたりして注目を集めた。その甲斐あって博覧会は入場者65万人を記録する盛況となった。〈伊勢市神田久志本町・昭和23年・提供＝伊勢市〉

**「君の名は」ロケシーン**　昭和27年にNHKラジオで始まり爆発的な人気となった名作。さらに小説、映画、テレビドラマ、舞台へと広がった。こちらは昭和28年に公開された映画の撮影で、志摩町でロケが行われた。主演は佐田啓二と岸惠子。撮影現場をぐるりと見物人が囲む。〈志摩市志摩町・昭和28年・提供＝濵口公一氏〉

**御遷宮記念お伊勢大博覧会①**　昭和29年3月31日～5月31日までの会期で、第59回式年遷宮の奉祝を兼ねて倉田山公園一帯と宇治山田駅前で開催された。音頭を取ったのは北岡善之助。写真は宇治山田駅前の伊勢会館（現シンフォニアテクノロジー響ホール伊勢）の場所。〈伊勢市岩渕・昭和29年・提供＝伊勢市〉

**御遷宮記念お伊勢大博覧会②**　前売り券にはくじが付いていて、抽選会が行なわれた。前売り券には「百万円大当り」と明記されており、来場者は固唾をのんで当選番号の発表を見守っていたことだろう。〈伊勢市岩渕・昭和29年・提供＝伊勢市〉

**御遷宮記念お伊勢大博覧会③**　神宮徴古館で「義経号」という蒸気機関車が陳列された。もともとは北海道の官営幌内鉄道がアメリカから輸入したもので、製造1880年。今も人気のあるSLだ。〈伊勢市神田久志本町・昭和29年・提供＝野瀬周一氏〉

**優良表彰を受ける鵜方消防団**　鵜方小学校において三重県消防協会から表彰された。自主的に消防活動を担う消防団は地域を守る要の一つであり、戦後の復興を安全面から支えた。〈志摩市阿児町鵜方・昭和29年・提供＝中嶋信也氏〉

**伊勢市誕生と合併祝賀式**　昭和30年1月1日に宇治山田市、豊浜村、北浜村、城田村、四郷村が合併し、伊勢市が誕生した。同日に行われた合併を祝した行事で、宇治山田駅前にて記念品が配布された。〈伊勢市岩渕・昭和30年・提供＝伊勢市〉

**山田赤十字病院でのメーデー**
「軍事費を医療へ」「一人夜勤はもういやだ」「南ベトナム医療団派遣反対」などプラカードがが林立する。労働者が集まり権利を主張する日であるメーデーは、ヨーロッパから日本に伝わり、戦後になって活発に行われた。山田赤十字病院は平成24年に船江に移転し、伊勢赤十字病院と改称。現在この場所には伊勢ひかり病院が建っている。〈伊勢市御薗町高向・昭和30年代・提供＝個人蔵〉

**阿児町誕生パレード**　昭和30年1月1日、鵜方町、神明村、立神村、志島村、甲賀村、国府村、安乗村が合併して阿児町が発足した。ハーモニカや太鼓で演奏する賑やかなパレードが行われた。先頭の日の丸の旗を持つ少年は、当時中学3年の写真提供者。ちなみに、阿児町は、平成16年に浜島町、大王町、志摩町、磯部町と合併して志摩市となる。〈志摩市阿児町国府・昭和30年・提供＝橋爪富春氏〉

**神宮奉納相撲**　左側の力士は朝潮。この写真が撮影された昭和32年に大関になり、同34年に横綱に昇進した。神宮奉納相撲が始まったのは30年のこと。大相撲を天照大神に奉納する行事であり、現在も神宮会館内にある神宮相撲場にて続けられている。〈伊勢市宇治中之切町・昭和32年・提供＝中川正氏〉

**宇治山田書店連合会の宣伝活動**　9つの書店が集まって人気雑誌をPR。右端から3番目にはユーモラスなロボットの着ぐるみも立っている。雑誌の売れ行きが好調だった時代の活気あふれるひとコマだ。背景の建物は山田駅（現伊勢市駅）である。〈伊勢市吹上・昭和30年代前半・提供＝有文堂書店〉

**志摩観光ホテル①**　シマカンの愛称で知られる老舗ホテル。開業に昭和27年、設計を手がけたのは村野藤吾である。この地方の迎賓館としての役割を担い、皇族が利用することで知られるほか、平成28年には伊勢志摩サミットの会場となった。写真は第2回目の増築を行なった昭和36年のようす。〈志摩市阿児町神明・昭和36年・提供＝志摩観光ホテル〉

**志摩観光ホテル②**　上写真の左端にある高層の棟（東館）を別の方向から写した。現存しない建物である。〈志摩市阿児町神明・昭和36年頃・提供＝中嶋信也氏〉

**昭和の大横綱・大鵬と一緒に**　神宮奉納相撲に行く前に、常宿にしていた佐伯旅館の貴賓室で撮影。昭和36年に横綱になり、「巨人・大鵬・卵焼き」の流行語も生まれた。ライバル力士の柏戸とともに「柏鵬《はくほう》時代」と呼ばれる大相撲の黄金期を築き、経済成長の道を歩み始めた日本に夢を与えた。〈伊勢市本町・昭和39年・提供＝ビジネスホテル山本〉

**歳末助け合い運動**　12月の国鉄伊勢市駅前にて。レトロな形の電話ボックスが目を引く。戦後の混乱期に市民の助け合いの精神によりスタートしたこの運動は、現在は共同募金の一環として行われている。〈伊勢市吹上・昭和39年・提供＝林喜久郎氏〉

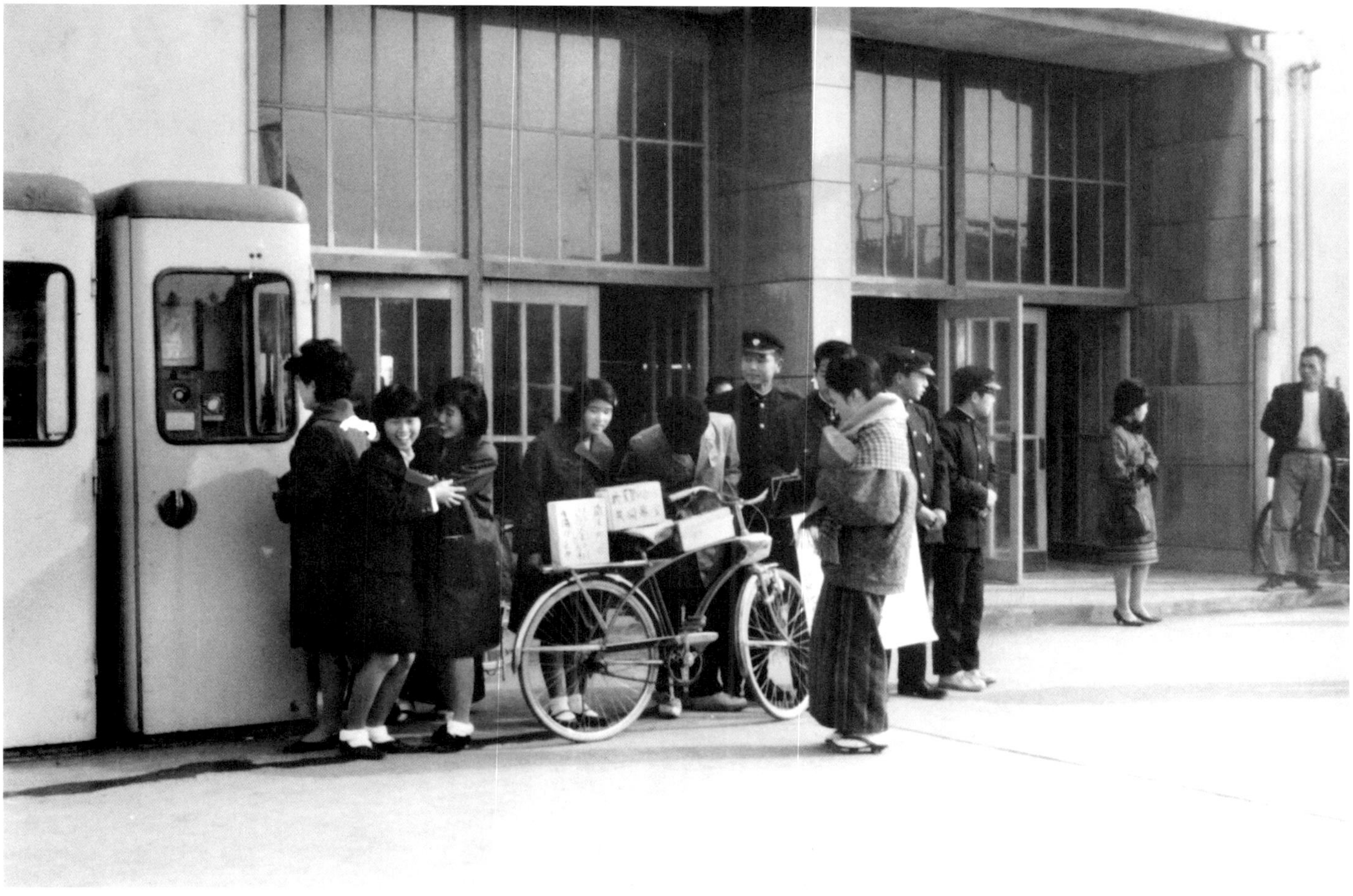

**伊勢に大雪が降った**　あまり雪の降ることはない伊勢に、珍しい積雪の光景。神宮参道（現外宮参道）もこのとおり真っ白になった。〈伊勢市本町・昭和41年・提供＝ビジネスホテル山本〉

**昭和48年度全国高等学校総合体育大会**　毎年8月に開催されるいわゆるインターハイである。各都道府県の持ち回り開催を原則としていて、この年は三重県開催。メイン会場の三重県営総合競技場（現三重交通Gスポーツの杜 伊勢）をはじめとして各地で熱戦が繰り広げられた。〈伊勢市宇治館町・昭和48年・提供＝井上博暁氏〉

**昭和50年のみえ国体**　10月24日、第30回国民体育大会・秋季大会の大会旗・炬火リレーが行われた。このリレーはオリンピックの聖火リレーに相当するものである。大会では28種に及ぶ競技が19市町村で実施された。〈度会町平生・昭和50年・提供＝舟瀬正之助氏〉

**第1回お伊勢さん健康マラソン**　市民の健康増進を目的として始まったマラソン大会。スタート地点は内宮の宇治橋だった。その後、中日三重ロードレースと統合し、お伊勢さんマラソンとして継続している。現在の大会長はアテネオリンピック女子マラソン金メダリストで、伊勢市出身の野口みずきである。〈伊勢市宇治館町・昭和57年・提供＝伊勢市〉

**三重県茶業振興大会**　10月30日に度会町民体育館にて第18回目の大会が開催された。伊勢茶で知られる三重県は、静岡県、鹿児島県に次ぐお茶の産地である。なかでも度会町は、宮川の川霧がお茶を美味しく育てる産地として知られる。〈度会町棚橋・昭和59年・提供＝舟瀬正之助氏〉

**「男はつらいよ 寅次郎物語」ロケ風景①** ロケ地の一つである松井真珠店は、明治38年創業の老舗。店構えは今も変わっていない。中央が渥美清。寅さんの映画はこれが39作目で、子連れ旅のストーリーであった。〈志摩市阿児町神明・昭和62年・提供＝松井耀司氏〉

**「男はつらいよ 寅次郎物語」ロケ風景②** 賢島の英虞湾島めぐりの船着場での撮影。寅さんを演じた俳優・渥美清は映画「男はつらいよ」で48作まで主演を努め、平成8年に帰らぬ人となった。〈志摩市阿児町神明・昭和62年・提供＝松井耀司氏〉

**伊勢志摩サミットの警備**　平成28年5月26、27日に第42回先進国首脳会議が志摩市阿児町の賢島で開催された。当時の安倍晋三首相、アメリカのオバマ大統領、イギリスのキャメロン首相、ドイツのメルケル首相など世界から錚々たる要人が集結したため厳重な警備体制が敷かれた。賢島は5月21日～27日まで一般人は立入禁止となり、近鉄電車も鵜方～賢島間は運転休止。地域住民のためには外務省による代行バスが用意されたが、乗車にあたっては識別IDカードが必須となった。〈志摩市阿児町神明・平成28年・提供＝溝口登志裕氏〉

**昭和天皇の伊勢志摩巡幸①**　お召し列車で二見浦駅に到着した時のようす。昭和天皇は11月20日から24日にかけて三重県を巡幸した。二見浦駅からは宿泊先である朝日館に向かう。〈伊勢市二見町三津・昭和26年・提供＝個人蔵〉

**昭和天皇の伊勢志摩巡幸②**　朝日館に到着した時のようす。多くの人たちに歓迎された。ちなみに朝日館は中国最後の皇帝・溥《ふ》儀《ぎ》も宿泊した老舗旅館でもある。〈伊勢市二見町茶屋・昭和26年・提供＝個人蔵〉

**昭和天皇の伊勢志摩巡幸③**　二見興玉神社の夫婦岩を見学。この写真には昭和天皇は写っていないが、学生帽と学生服を身につけた少年時代の明仁親王（現上皇）の姿が見える。〈伊勢市二見町江・昭和26年・提供＝個人蔵〉

**昭和天皇の伊勢志摩巡幸④**　大日本紡績の宮川工場を視察し、熱烈な歓迎を受けた。同社は明治22年に尼崎紡績として創業し、大正7年に大日本紡績、昭和39年にニチボー、同44年にユニチカに改称している。〈伊勢市小俣町本町・昭和26年・提供＝福山美鈴氏〉

**昭和天皇の伊勢志摩巡幸⑤**　大日本紡績の宮川工場において紡績の工程について説明を受ける昭和天皇。〈伊勢市小俣町本町・昭和26年・提供＝福山美鈴氏〉

**内宮を参拝**　5月20日、皇后とともに8年ぶりに伊勢神宮を参拝した。ちなみに、歴代天皇の中で史上初めて伊勢神宮を参拝したのは明治天皇で、明治2年のことである。〈伊勢市宇治館町・昭和37年・提供＝中西和夫氏〉

**外宮を参拝する美智子妃（現上皇后）**　同行する紀宮《のりのみや》は学習院の制服姿である。〈伊勢市豊川町・昭和53年・提供＝大羽弘子氏〉

**美智子妃（現上皇后）が賢島へ**　11月に伊勢神宮や賢島港、志摩マリンランド、真珠島を訪れた。左にいる少女は紀宮で、平成29年から伊勢神宮祭主を務めている。〈志摩市阿児町神明・昭和53年・提供＝溝口登志裕氏〉

**宇治山田駅を歩む徳仁親王（今上天皇）**　20歳を迎えた浩宮が成年の奉告に伊勢神宮を訪れた。神宮の参拝はこの時が3回目であった。〈伊勢市岩渕・昭和55年・提供＝大羽弘子氏〉

**伊勢志摩を訪れたエリザベス女王とフィリップ殿下**
初来日した女王と殿下は、神宮やミキモト真珠島などを訪れた。写真は、宿泊先である鳥羽国際ホテルに車で到着し、玄関に向かうところである。先導する背広姿の日本人男性は、当時ホテルのオーナーだったヤマハの経営者・川上源一。お二人はディナーで提供した「雉の燻製」をおいしいと喜んだという。〈鳥羽市鳥羽・昭和50年・提供＝鳥羽国際ホテル〉

**伊勢湾台風の爪痕①**　台風によって倒された宮町の大鳥居。JR宮町踏切（近鉄宮町駅近く）に建っていたもので、その後再建されることはなかった。昭和34年9月26日に潮岬に上陸した台風15号はほぼ全国に甚大な被害をもたらした。死者・行方不明の数は5,000人を超える大惨事であり、伊勢湾岸の被害が特に甚大であったため、この名が付いた。〈伊勢市宮町・昭和34年・提供＝牧戸和男氏〉

**伊勢湾台風の爪痕②**　翌朝の浦之橋通り周辺。家の壁がめくれたり、アーケードが倒れたりしている。写真奥に今社《いまのやしろ》がある。〈伊勢市宮町・昭和34年・提供＝牧戸和男氏〉

**伊勢湾台風の爪痕③**　台風翌日の伊勢神宮内宮の神楽殿付近のようす。あちこちで杉が倒れ、社殿を直撃している倒木もあった。〈伊勢市宇治館町・昭和34年・提供＝牧戸和男氏〉

**伊勢湾台風の爪痕④**　外宮でも杉が倒れる被害があった。乗っている子どもから大きさを想像するとかなりの巨杉であろう。外宮周辺の一角に集められた倒木を遊び場にするわんぱくな子どもたちもいたという。〈伊勢市豊川町・昭和35年・提供＝山本幸平氏〉

**伊勢湾台風の爪痕⑤**　翌35年4月の宿田曽中学校の入学式。校舎には台風の爪痕がまだ残っており、校庭の片隅には瓦礫が積まれている。〈南伊勢町田曽浦・昭和35年・提供＝愛洲の館〉

**チリ地震津波の復旧作業**　昭和35年5月22日にチリで発生した巨大地震は太平洋全域に津波をもたらした。津波が訪れた24日早朝は干潮であったが、ロープの切れた船が自動車よりも速い速度で流されていったという。カキや真珠、ノリの養殖設備は壊滅的な打撃を受けた。また、田植えが終わったばかりの田へ海水が流入するなどの被害もあった。写真は5月26日の復旧作業のようす。〈志摩市浜島町・昭和35年・提供＝志摩市歴史民俗資料館〉

**七夕豪雨の被害**　昭和49年7月6～8日に台風8号が猛威を振るった。時期がちょうど七夕の時期だったため通称・七夕豪雨という。伊勢市においては7日午後1時頃に勢田川が氾濫し市内の広範囲が水浸しになり、死者も出た。〈伊勢市内・昭和49年・提供＝伊勢市〉

**昭和57年の台風10号の被害**　長梅雨の豪雨とあいまって各地で水害があった。この写真は8月3日に撮影されたもので、わずかな時間のうちに川の水がガードレールを乗り越えてあふれ出たという。左の建物はうなぎ店の川八で、全国に知られる名店だった。〈志摩市磯部町恵利原・昭和57年・提供＝志摩市歴史民俗資料館〉

# 10 昭和の暮らし

戦前、戦後、高度経済成長期と、激動の昭和時代。伊勢の街も人びとの暮らしもその都度姿を変えていった。

昭和の初め、地元伊勢の人びとの買い物や娯楽といえば、新道といわれた商店街や世界館、帝国座など三軒ほどの映画館などが建ち並ぶ、山田（現伊勢市）駅から北西に少し離れた地区が中心であった。

太平洋戦争の終戦間近、昭和二十年の宇治山田空襲では、市の六〇パーセントが焼失したといわれ、新道もほぼ全焼するが、時を措かず二十年代後半には、娯楽を楽しむゆとりができてきた市民や周辺地域の人びとにより、再び賑わいをとりもどした。とはいえ、伊勢市の周辺、鳥羽、志摩、度会の人びとにとっては、今のように道路が整備されておらず、公共交通機関も未発達で、伊勢（山田）は遠かった。特に度会郡南伊勢町からは、峠を越えて走るバスはあったが車体は小さく、急な上り坂では乗客が降りて後ろからバスを押すこともあった。また、宿田曽村の人びとなどは、巡航船、志摩電、参宮線と乗り継ぎ、半日がかりの行程であった。それだけに、「山田へ行く」「新道を歩きに行く」と伊勢（山田）へ出かけることは大きな楽しみの一つであった。

昭和四十年代には、近鉄特急が志摩市賢島まで運行開始し、志摩市と伊勢市を結ぶ伊勢道路が開通する。その頃、ジャスコA館が伊勢市駅前に開業。続いて南勢地区唯一の百貨店である三交百貨店、さらにジャスコB館がA館と同じく伊勢市駅前に次々と開業。食品から雑貨、衣類まで、ほぼすべての買い物がここだけで完結する大型総合スーパーや百貨店は、駅に近いこともあり、その利便性と目新しさとで多くの人々の足が駅前に向くことになった。

昭和五十九年に伊勢市と南伊勢町を結ぶサニーロードが開通するなど、同五十年代には周辺地域と伊勢市内を結ぶ道路が次々と整っていった。また自家用車所有が一般化してきたこともあり、郡部と伊勢市内の距離はずいぶん近くなり、周辺の人びとの生活も便利になった。こうして、新道商店街のある地区から伊勢市駅前へと移った賑わいは、駐車場が確保され自家用車ででかけやすい郊外の大型ショッピングセンターや、家電量販店、外食チェーン店へと移っていくのである。

（畑純子）

**山仕事の薪拾い**　かつて朝熊の集落では、田や畑仕事の合間に、材木や薪、細い枝を集めた粗朶《そだ》などを、朝熊山から運んでくる山仕事もしていた。写真の当時は主婦たちが、朝から山へ出かけて枯れ枝を集め7、伊勢市内で売って日当を稼いでいたという。〈伊勢市朝熊町・昭和42年・提供＝橋本理市氏〉

**たらいで行水**　幼な子が木製のたらいに入り汗を流してもらっている。お母さんは笑顔で、子どもも気持ちよさそう。たらいは子どもの風呂になり、洗濯桶になり、また野菜を冷やすなどと、昭和の時代は大活躍であった。〈伊勢市浦口・昭和33年・提供＝中村昭氏〉

**薪で風呂を焚く**　この頃の家では、鉄製の釜の内側に底板を沈めて湯に浸かるという五右衛門風呂が多く使われていた。風呂場が離れの屋外にあった家もよく見られた。〈伊勢市曽祢・昭和37年頃・提供＝大羽弘子氏〉

**風呂の薪**　場所は明倫商店街の裏道。自宅の五右衛門風呂の薪を集めているところ。この家では節約のために、同じ商店街の魚屋さんからもらってきた木製のトロ箱をバラして薪にしていた。そうして沸かした風呂はちょっぴり魚の匂いがしたという。昭和50年くらいまでは五右衛門風呂を使っていたが、トロ箱が木から発泡スチロールに代わったこともあり、ガスの風呂に変更したという。〈伊勢市岩渕・昭和40年代・提供＝樋口京氏〉

**土間にあった台所**　昔ながらの家では江戸時代からの造りのまま、外と同じ高さで土を固めた土間に台所が置かれ、居住の場は土間から一段高い場所と、明確に分けられていた。写真のような正方形の白タイルは、スペイン風邪の世界的流行による衛生の意識として、大正期から水回りで多用されたという。〈伊勢市曽祢・昭和37年頃・提供＝大羽弘子氏〉

**たらいで洗濯**　たらいに入れた洗濯板に載せた服などを手でゴシゴシと洗濯の真っ最中。洗濯道具として外国から洗濯板が入ってきたのは明治のこと。それ以前の洗濯は手もみ洗いや棒で叩くなどしていた。写真の右の格子は鶏小屋である。〈伊勢市小俣町明野・昭和55年・提供＝橋本理市氏〉

**子守の子どもたち**　近所の子たちが集まってパチリ。小学生くらいの子でもねんねこ半纏《ばんてん》を着て幼児を背負い、お守りをしている。昭和時代は年長の子が小さな子の面倒をみるのは当たり前で、子どもといえど仕事を担っていた。農繁期になると学校で2時間ほど勉強したら、畑で芋掘りや麦刈り、海でアオサ採りなどをして親を手伝ったという。〈鳥羽市桃取町・昭和29年頃・提供＝齋藤喜美子氏〉

**籾《もみ》まき**　稲刈りで採れた籾の中から、種籾が厳選されて倉庫に保存される。翌年になって、種籾は狭い田に設けられた苗床「苗代」にまかれ、田植えの始まりとなる。〈度会町五ケ町・昭和50年・提供＝岡谷昌行氏〉

**苗代で育苗作業**　5月の半ば、苗代で水田に植えられる大きさにまで育った苗を集めている。稲作では水田での田植え前に、苗代で種籾から稲の苗を育てる。この写真を撮った頃は、田植えはすべて手作業で行っていたという。〈伊勢市朝熊町・昭和41年・提供＝橋本理市氏〉

**収穫後の脱穀**　実りの秋には稲穂が黄金色となって頭を垂れ、収穫の時を迎える。刈り取られた稲は、稲架《はさ》掛けし乾燥させて後、脱穀で穂から籾を取る。写真は初期の動力脱穀機。脱穀機の側に稲束が山のように積まれ、女性が手で稲を機械に差し入れている。〈度会町五ケ町・昭和30年頃・提供＝岡谷昌行氏〉

**籾干し**　たくさんの筵《むしろ》を敷き、その上に籾を天日干していく。程なく乾燥機が普及していき、昔からのこのような作業は現在では見られなくなった。〈伊勢市朝熊町・昭和48年・提供＝橋本理市氏〉

**茶摘み**　三重県は南北朝時代より茶の特産地として名を馳せ、現在も「伊勢茶」として広く知られる。中でも清流・宮川に囲まれた度会町では、「わたらい茶」と呼ばれる銘茶が栽培されている。〈度会町平生・昭和51年・提供＝舟瀬正之助氏〉

**きんこ芋干し**　志摩地方には、サツマイモを煮切り干しにした「きんこ」または「きんこ芋」と呼ばれる産物がある。見かけが珍味の乾燥ナマコ「きんこ」と似ているためその名が付いたという。当時は家の庭で干して売った家も多く、冬の風物詩であった。高齢化や後継者不足などにより家庭で作る姿はあまり見られなくなった。〈志摩市大王町船越・昭和40年代後半～50年頃・提供＝小林二三代氏〉

**鵜方の団子餅**　搗《つ》いたいも餅を固めてから切っている。この当時、子どもたちはお菓子の代わりに団子餅をポケットにたくさん忍ばせていたという。〈志摩市阿児町鵜方・昭和25年頃・提供＝前田敏道氏〉

**自宅で養豚**　写真の家族は売るための豚を育てていた。当時の日本の養豚は、民家で残飯などを餌に少数頭を育てる庭先養豚が中心であった。伊勢湾台風以降、支援物資として豚がアメリカから贈られたのを機に近代養豚が広がったといわれる。〈志摩市磯部町恵利原・昭和30年頃・提供＝山路宗平氏〉

**炭焼きの夫婦**　木炭生産は、写真の頃には度会町の花形産業であり、ピーク時の昭和32年頃には年間30万俵を出荷していた。冬が訪れる頃、山々から炭焼きの煙が立ちのぼるのが見られたという。〈度会町五ケ町・昭和30年頃・提供＝岡谷昌行氏〉

**木炭の出荷**　清水産業のトラックに木炭の俵が山積みされている。かつては燃料として各地で木炭が多く生産された。三重県でも炭焼きが盛んで、明治14年の第二回内国勧業博覧会には、度会郡や多気郡、南北牟婁郡を中心に木炭が出品されている。〈大紀町永会・昭和30年代・提供＝清水浩行氏〉

**皆で瓦葺き**　民家の新築中の一枚。瓦屋根を葺く時は、親戚総出で手伝ったという。〈玉城町田丸・昭和43年頃・提供＝田中敬一氏〉

**棟上げ式**　家の建築では、柱、梁などの組み上げ作業の最後に棟木を取り付け、棟上げ式となる。この地方では建前《たてまえ》と呼ぶ。棟上げが完了した感謝を込めて三本の御幣を棟木の上に立てて神に祝詞をあげる。そして餅や菓子を屋根の上から撒いた。〈伊勢市朝熊町・昭和44年・提供＝橋本理市氏〉

**豊川町付近の上水道工事**　昭和21年、伊勢志摩地域が国立公園に指定された。それを受け、宇治山田市では同26年、観光客を迎え入れるための施設整備の一環として、水道の建設に着手した。〈伊勢市豊川町・昭和20年代・提供＝伊勢市〉

**三三九度**　神前式で行われる儀式で、新郎新婦が3つの盃で酒を酌み交わし、夫婦と両家の和合を示す。写真の会場は八百正の別館。創業100年を超える老舗の仕出し屋で、以前は神前結婚式を行うことができた。〈伊勢市大世古・昭和48年・提供＝山﨑三起子氏〉

**お嫁入り**　実家を出て婚家に向かうため、花嫁用のタクシーへと、仲人に手を取られて歩く花嫁。〈伊勢市小俣町元町・昭和46年・提供＝個人蔵〉

**船に乗って嫁入り**　かつての婚礼では花嫁が親類らと行列をつくり、婚家へ向かう花嫁行列が行われていた。この花嫁は御座から約2キロ離れた対岸の浜島まで、これから巡航船に乗って婚礼に向かうところである。場所は御座港のバス停前、お正月明けの晴ればれとした1月8日のことだった。〈志摩市志摩町御座・昭和52年頃・提供＝柴原千歳氏〉

**婚礼トラック**　紅白幕に包まれた「婚礼トラック」が嫁入り道具を積んで婚家へ出発。4台も連なるトラックの荷台には婚礼箪笥などが満載されている。当時はこのように嫁入り道具を運搬する光景は、多く見られた。〈伊勢市宮町・昭和50年頃・提供＝牧戸和男氏〉

**下之郷区の凧揚げ大会**　大凧には、この年まで内閣総理大臣を務めた田中角栄の似顔絵が描かれている。凧は昭和の子どもに人気の遊びだが、もとは男子の初節句を祝い成長を願う意味があるとされ、縁起物であった。下之郷では今も「新春　凧上げ大会」が開催されている。〈志摩市磯部町下之郷・昭和49年・提供＝古田儀之氏〉

**頭之宮四方《こうべのみやよもう》神社**　日本で唯一の「あたまの宮」として知られる神社へ初詣。同神社の本殿近くには湧き水「頭之水」があり、正月には湧水を頂いて雑煮などを作り、その年の無病息災を願う。〈大紀町大内山・平成4年・提供＝西尾一由氏〉

**厄年の餅まき**　奈屋浦漁港で3階建ての信漁連の建物から厄払いの餅まきが行われた。厄年の人による餅まきは、施しをして徳を積み厄を払うとされる。奈屋浦漁港は現在県下一の水揚げ高を誇っており、11月には「おさかなフェスタ」が開催されている。〈南伊勢町奈屋浦・昭和41年・提供＝個人蔵〉

**出初式**　伊勢市駅前で消防出初式が開催された。写真は勇ましい一斉放水のようす。出初式は新春恒例行事として毎年1月初旬に実施される。式典や車両展示なども行われる。〈伊勢市吹上・昭和39年頃・提供＝伊勢市〉

**終戦後初の花見**　江戸時代から桜の名所として名高い宮川堤に、人びとが集まり記念の一枚。太平洋戦争終結後に初めて迎えた春で、皆の表情も輝いている。宮川堤は伊勢神宮外宮の北西を流れる宮川の堤で、河岸1キロにわたって桜が咲き誇り「一目千本」とも称される。〈伊勢市中島・昭和21年・提供＝中村昭氏〉

**潮干狩り**　五十鈴川と勢田川の河口に位置する漁業の町・今一色の浜で潮干狩り。背景には支柱式海苔養殖で使われる、ひびと呼ばれる棒が見えている。〈伊勢市二見町今一色・昭和37年・提供＝個人蔵〉

**鵜方青年団の演芸**　白塗りして芝居を披露した記念写真。場所は鵜方公民館大日堂である。戦後間もないこの頃は各地で青年団活動が活発化していた。若人らは積極的に地芝居や祭り、地域の運動会などを盛り上げ、戦争で疲弊した人びとを元気づけた。〈志摩市阿児町鵜方・昭和21年・提供＝中嶋信也氏〉

**度会町民運動会**　棚橋保育所を会場に開催された。この当時、運動会は地域を挙げての一大イベントで、写真のようなパン食い競争やタバコの火付け障害物競走など、現在では考えられないような競技もあって盛り上がった。〈度会町棚橋・昭和47年頃・提供＝舟瀬正之助氏〉

**ホテルのクリスマス**　志摩観光ホテルのメインダイニングでクリスマスパーティー。同ホテルは昭和26年に戦後初となる純洋式のホテルとして賢島に建設され、皇族も訪れるリゾートとして人びとの憧れであった。〈志摩市阿児町神明・昭和26年頃・提供＝松井耀司氏〉

# 11 海のなりわい

　戦時中は兵役のため男子の労働力不足や空襲の危険性から出漁する回数も減少し、漁業は衰退していた。その結果、魚介類など海の資源は増殖し、戦後の漁獲に大漁をもたらすことも多くあった。

　海の生業に必要不可欠な船においても戦前と戦後では大きな違いが出てくる。戦前から昭和四十年頃までは沿岸漁業に用いられてきた船は木造和船が主流で、海女船も、釣船や網船も、各海村の船大工が杉と檜材を使って建造していた。

　こうした人びとの生活の転機となったのは昭和三十四年の伊勢湾台風で、この頃を境にその後の漁船は次第にＦＲＰ（繊維強化プラスチック）船化が進み、釣糸や網の材料も麻や綿糸からナイロンや化繊化が進んでゆくことになった。それまで天然素材が基本だった漁具は次第に石油から作られる化学製品となり、高度成長期になると、その製造過程から排出される物質による海の汚染（公害）を引き起こすこととなった。海底の泥を食べるボラに油くさい魚が混入しはじめるのもこの頃である。ボラの市場価値が低くなったため、江戸時代を通して鳥羽藩の財政を支えてきた鳥羽の伝統漁法「ボラ楯漁《たてりょう》」も廃絶に追いやられてしまった（昭和四十二年頃）。

　また、志摩の漁村にとって交通機関の発達も人びとの生活に大きな影響を与えた。昭和四年に志摩電気鉄道（通称・志摩電）が鳥羽〜賢島間に開通するが、これは志摩半島の観光化の第一歩でもあった。英虞湾などの真珠養殖を見学したり、母貝採取をする海女の潜水作業風景を見る観光客が増えてくると、それまで上半身裸で作業していた海女にも変化があり、風俗的見地から白い木綿の磯着が着用されるようになっていった。

　高度成長期の発展に伴い、漁業においても船の大型化や高速化が進んだ。冬の極寒の作業を強いられる海苔養殖などは全自動の機械を導入して、労働は楽になった。しかし、その陰には貨幣経済の渦に巻き込まれた漁業関係者の苦労があることも忘れてはならない。

（野村史隆）

**池の浦のボラ楯漁**　ボラ漁は鳥羽、小浜、桃取、坂手、安楽島、浦、石鏡、相差、畔蛸などで盛んに行われていた。冬の漁期になると要所の岬に魚見役が立ち、魚群の発見につとめる。群れを見つけると法螺貝などで合図を送る。湾内に入ってきたボラの群を「楯切網」という巨大な網で閉じ込め、その網の中で個々の漁師たちが刺網を入れて捕るという漁法だ。総勢80～100人で行う大規模な漁で、漁期には他の漁を禁止してボラを捕ることに専念していたという。〈鳥羽市小浜町・昭和7年頃・提供＝鳥羽市立海の博物館〉

**強力《ごうりき》造船所における「第二十八亀洋丸」の進水式**　くす玉が割られ、あまたの大漁旗をはためかせながら初めて海に浮かぶ瞬間。船を作る過程で最も華やかなイベントである。強力造船所はアメリカの水爆実験で被爆した第五福竜丸の改装を昭和31年に請け負ったことでも知られる。〈伊勢市大湊町・昭和63年・提供＝岡野勝廣氏〉

**橋本の浜で網掛け漁**　帆を張って風を受けて走り、網を仕掛けていく。翌日網を引き上げる。〈志摩市阿児町甲賀・昭和30年代・提供＝中井勝利氏〉

**ワカメ干し**　伊勢志摩のリアス海岸で育つワカメは古くからの名産品。天日干しで乾燥させる。3月から始まるワカメ漁は春の訪れを感じさせる光景でもある。〈志摩市阿児町甲賀・昭和30年代・提供＝中井勝利氏〉

**イワシの天日干し**　秋の海岸通りにずらりと並べて干されるイワシ。これらはおせち料理に欠かせない田作りなどの材料となる。〈志摩市浜島町・昭和46年・提供＝柴原千歳氏〉

**テングサの選別作業**　海で摘み取ったテングサから他の海藻やゴミなどを取り除きながら選別していく。根気の必要な共同作業である。テングサはトコロテンの原料となる。〈志摩市浜島町・昭和35年・提供＝志摩市歴史民俗資料館〉

**波切の風景①**　手前では女性たちが魚網を干している。遠くには、大王埼灯台が見える。美しい風景の大王町は「絵描きの町」として知られ、また、民俗学者の折口信夫がマレビト説の着想を得るなど、訪れる者にさまざまなインスピレーションを与えてきた。〈志摩市大王町波切・昭和45年・提供＝柴原千歳氏〉

**波切の風景②**　水揚げされた魚介をセリにかける波切漁港の市場。御食《みけつ》国・志摩を代表する漁港の一つである。〈志摩市大王町波切・昭和45年・提供＝柴原千歳氏〉

**波切の風景③**　大王埼灯台に至る道中のようす。天日干しにされる小魚がぎっしりと並ぶ。写真の奥には真珠の販売店が軒を連ねている。〈志摩市大王町波切・昭和45年・提供＝柴原千歳氏〉

**大野浜**　美しい砂浜が1.5キロに及び、海女漁の盛んな地として知られる。まさに白砂青松の眺め。浜辺の先には白亜の麦埼灯台が建っている。〈志摩市志摩町片田・昭和30年頃・提供＝個人蔵〉

**御座沖で餌の供給**　志摩半島の先端にある御座はかつてはカツオ一本釣の餌（イワシ）の供給基地として知られ、写真奥に写っている遠洋漁船が多く立ち寄った。手前の人々がいけすから網ですくっているのが、餌となる生きたイワシ。洋上で遠洋漁船に受け渡した。遠洋漁船は、遠くはインド洋まで漁に出かけたという。〈志摩市志摩町御座・昭和46年・提供＝柴原千歳氏〉

**片田の真珠養殖**　片田は良質の真珠を産出する地域の一つ。手前の船は真珠工場が造った新造船。〈志摩市志摩町片田・昭和38年・提供＝個人蔵〉

**安楽島の海沿いの松林**　エンジンのない和舟（チョロ）が浮かぶのどかな浜辺である。松の並木は防波堤の役割も兼ねていた。現在この場所は海水浴場になっている。〈鳥羽市安楽島町・昭和20年頃・提供＝小池つや子氏〉

**相差漁港のアラメの収穫**　海藻のサガラメのことを鳥羽ではアラメと呼び、イワシやサンマを巻いて煮たアラメ巻は代表的な郷土料理である。海中のアラメは魚の産卵場所となり、アワビやサザエの餌であることから、貴重な存在。現在のアラメ漁の解禁はわずか3日間となっている。〈鳥羽市相差町・昭和30年代・提供＝個人蔵〉

**正月の相差漁港**　大漁旗が掲げられた華やかな浜辺。毎年1月5日におよそ450年の歴史を誇る相差獅子舞が行われ、天狗と獅子が町内を練り歩く。〈鳥羽市相差町・昭和30年代・提供＝個人蔵〉

**桃取町の港①**　答志島の西側に古くからある天然の良港で、カキやノリ、ワカメが名産。16世紀の鳥羽城主・九鬼嘉隆は水軍の一部をこの地に配し、かたわらで漁業を営んでいたという。昭和19年の東南海地震により地盤沈下したため、同29年に防波堤を高くした。平成6年に港のそばに桃寿橋が竣工し、島内の移動が快適になった。〈鳥羽市桃取町・昭和30年頃・提供＝齋藤喜美子氏〉

**桃取町の港②**　向かいに見えるのは牛島。無人島であることからトンビの営巣地となっているようで、港に鳴き声がのどかに響く。写真に水田が写っているように、昭和の頃は自家消費用の米を作る家庭も少なくなかったという。〈鳥羽市桃取町・昭和30年頃・提供＝齋藤喜美子氏〉

**東海サルベージが開発した有人潜水艇「白鯨号」**　完成後の公開実験を控えて、女優の美川純子（前列右から5番目）弓恵子（同4番目）と共に記念撮影をする社員たち。同社は明石海峡大橋や青函トンネルの工事の調査で活躍しただけでなく、海外に何カ月も出航して海底の地質調査を行うこともあった。現在、白鯨号は海の博物館に保存されている。〈鳥羽市内・昭和34年・提供＝上野三男氏〉

**小浜の風景**　穏やかな鳥羽湾の海辺を歩く親子の姿。鳥羽グランドホテルの辺りから南を向いて写している。対岸の大きな建物はホテルの松濤館だが現在は高齢者福祉施設になっている。〈鳥羽市小浜町・昭和63年・提供＝石原ふじ氏〉

**菅島《すがしま》港**　江戸時代よりタイやアワビ、エビなどを鳥羽藩に上納している記録が残っている。現在の特産物は伊勢エビの干物、干しワカメなどである。〈鳥羽市菅島町・昭和38年・提供＝志摩市歴史民俗資料館〉

**答志港**　答志島の東側にあり、鳥羽港からは定期船で約30分。かつては伊勢志摩地方で広く行われていた寝屋子（若者が共同生活を送る）という風習が島には今なお残っている。〈鳥羽市答志町・昭和36年・提供＝志摩市歴史民俗資料館〉

**五ヶ所浦の真珠養殖**　五ヶ所湾の真珠養殖は明治36年に迫間浦で始まり、同41年に御木本幸吉が着目したことでさらに発展した。「赤い靴」で知られる詩人で童謡作詞家の野口雨情は昭和11年に南伊勢町を訪れ、「五ヶ所湾小唄」を作詞している。〈南伊勢町五ヶ所浦・昭和24年頃・提供＝東岡晴海氏〉

**五ヶ所浦における真珠の避寒筏**　英虞湾は冬に水温が下がるため、アコヤ貝を温暖な五ヶ所湾に移動させていた。「避寒」と呼ばれるこの作業は重労働であった。〈南伊勢町五ヶ所浦・昭和40年代後半～50年代・提供＝愛洲の館〉

**カツオ船「第二十八亀洋丸」の竣工式**　全国有数のカツオの漁獲量を誇る南伊勢町。かつては「遠洋漁業の里」とも呼ばれた。カツオの一本釣漁では年間日本一の漁獲高を記録したこともある。撮影場所は宿浦の港。当時の PTA 会長の呼びかけによって、近隣の小中学生が課外授業として参加した。もちろん地元の人も大勢集まり、新しい船の完成を祝った。〈南伊勢町宿浦・昭和63年・提供＝岡野勝廣氏〉

**田曽浦港**　田曽浦もかつてカツオなどの遠洋漁業で栄えた集落。写真のようにカツオ船が港に多数寄港していた。遠洋漁業が最盛期の頃は、漁師たちが地元に戻ってくるお正月に運動会を行ったこともあったという。〈南伊勢町田曽浦・昭和45年・提供＝井上博暁氏〉

**宿田曽沖にて**　くわえ煙草の漁師が綱を引く。南伊勢町は漁業生産量が県内1位だが、後継者不足に悩まされており、未来の漁師を育てるプロジェクトも取り組まれている。〈南伊勢町田曽浦・昭和45年・提供＝柴原千歳氏〉

**迫《はさ》間《ま》浦《うら》にて**　養殖したタイの水揚げをしているところ。迫間浦のタイはブランド品として知られる。〈南伊勢町迫間浦・昭和40年代後半～50年代・提供＝愛洲の館〉

**内《ない》瀬《ぜ》浦のノリひび**　ひびとはノリを養殖するために海中に立てた木や竹のこと。南伊勢町はアオサノリの名産地である。〈南伊勢町内瀬・昭和40年代後半～50年代・提供＝愛洲の館〉

**鰹節削り**　カツオの水揚げ量が豊富だった田曽浦周辺では、鰹節の製造も盛んだった。カビ付け前の節削り作業は、今はもう見られなくなった光景である〈南伊勢町田曽浦周辺・昭和40年代後半～50年頃・提供＝愛洲の館〉

**奈屋浦漁港**　昭和30年前後に至るまではボラ漁を主柱にした集落経営が行われていた。また、戦前頃までは生活必需品や食料を通商船によって入手していたという。昭和40年代以降は巻き網漁の成功により、県内有数の水揚げ高を誇る漁港となっている。〈南伊勢町奈屋浦・昭和30年代・提供＝中村純氏〉

**錦浦の港**　ブリやカツオ、タイがよく捕れることで知られる。昭和19年の昭和東南海地震の津波で甚大な被害を受けた。〈大紀町錦・昭和47年・提供＝東宮資料保存館〉

特集◆

# 海女の笑顔と未来

**アラメ採り**　志摩半島沖にはアラメの群落があり、アワビやサザエの食料になっている。近年は海藻が消える磯焼けが海中で進んでおり問題となっている。
〈志摩市浜島町浜島・昭和46年・提供＝柴原千歳氏〉

古来、志摩の海辺に住む人びとは、果てしなく広がる太平洋と波静かな内海の異なる性質を持つ二つの海の恩恵を受けて暮らしてきた。海の底は黒く見えるほどの海藻が茂り、命が満ち満ちていた。

明治の頃、志摩市大王町船越には「ハナカズキ」（花潜き）という言葉があった。毎年旧暦六月十三日から十五日の天王祭に合わせて大阪や名古屋からやってくる役者へのハナ（出演料）を支払うために「海女五〇人が潜った」ことを指す言葉である。海女たちは、採集したものをすべて寄付したため、「花道に沿った一番良い席に座ることになっていた」という。

しかし、昭和四十七年には四、一二四人いた鳥羽・志摩の海女の数が令和四年には五一四人と、ほぼ八分の一に減少している。女性の職業の選択肢が増えたことにもよるが、主に近年の海洋環境の変化による磯焼けなどが大きな要因である。

ちょうど一九七〇年代に漁を始めたという、海女歴五〇年の志摩の海女に海底のようすを聞くと、「昔はじゃまなくらいはえとったアワビのエサになるアラメの葉っぱが腐って二年、茎が腐って三年、この五年で何にも無くなった。海底が砂漠みたいや、こんな海はみたことない」と語る。さらに、「六月から七月にかけて太陽がきつくなってくる頃、水深八メートルから十メートルぐらい深いとこまで潜っていくと、底潮と呼ばれる気持ちのいい冷たい潮があったけど、今はその潮もない」と危惧する。変化を肌で感じる海女ならではの言葉である。

「海女泣き潮」と呼ばれる、雪解け水が交じる春先の凍えるような海で漁をしたのも、夏にアラメを刈って家族総出で炎天下の焼け付く浜にアラメを干したのも、厳しい労働に見合う以上の収入があったからこそだ。

二〇〇〇年以上の歴史を持つと言われる鳥羽・志摩の海女漁が今、大きな曲がり角にある。

（﨑川由美子）

**撮影会に臨む海女たち**　海女の着衣には変遷があり、近代以前は上半身裸だった。明治の中頃から、この写真のような白い磯着を着るようになった。昭和30年代になるとゴム製のウエットスーツが普及していった。この写真は同50年代に志摩町観光協会が開催した海女の撮影会のため、磯着を着てかつての姿を再現している。〈志摩市志摩町和具・昭和50年代・提供＝濵口公一氏〉

**大矢浜にて**　漁を終えて浜で着替える海女たち。磯桶と呼ばれるたらいの中には獲物がたっぷり入っている。磯桶は獲物を入れるだけでなく、海上では浮き輪の代わりにもなる。〈志摩市浜島町浜島・昭和46年・提供＝柴原千歳氏〉

**海女小屋で休憩**　漁の後に冷えた体を囲炉裏を囲んであたためたり、食事をしたりする。仕事を終えた明るい笑顔が魅力的である。〈志摩市志摩町・昭和52年頃・提供＝柴原千歳氏〉

**伊勢神宮に伊勢エビを奉納**　伊勢エビを竹かごに乗せて海女たちが宇治橋を渡る。10月1日に伊勢エビ漁が解禁されると、志摩で水揚げされた伊勢エビを例年100匹捧げて漁の安全と豊漁を祈願する。〈伊勢市宇治館町・昭和63年・提供＝志摩市歴史民俗資料館〉

**相差の海女たち**　屈託のない笑顔で写真に納まる。相差には相差海女文化資料館があり、海女文化の歴史に触れることができる。〈鳥羽市相差町・昭和19 ～ 20年・提供＝個人蔵〉

**漁へ向かう**　磯桶を抱えて険しい岩場を乗り越えて漁場へ出掛けていった。〈鳥羽市相差町・昭和30年代・提供＝個人蔵〉

**船人《ふなど》海女漁**　船に乗って沖合で海女漁をする場合、多くは夫婦がペアになって行ったためトトカカ舟と呼ばれる。水深10～15メートルの深いところまで重いオモリを持って潜水し、浮上する時は船上の夫が命綱を巻き上げる。〈鳥羽市相差町・昭和30年代・提供＝個人蔵〉

**食事休憩**　皆が手にしているのは懐かしいアルマイトの弁当箱である。〈鳥羽市相差町・昭和30年代・提供＝個人蔵〉

**相差の浜にて**　まだ海女小屋がない頃は浜辺で焚き火をして暖を取っていた。〈鳥羽市相差町・昭和30年代・提供＝個人蔵〉

**漁帰りの海女たち**　豊漁だったのかにっこり笑っている。磯桶を頭上に載せて運ぶ際には、藁で編んだイタダキというドーナツ形状のものを敷いていた。〈鳥羽市相差町・昭和20年頃・提供＝個人蔵〉

**相差音頭を踊る海女たち**　「来てもみやんせ相差浦へ〜」という歌詞で始まる軽快な音頭。今も地元で踊られている。〈鳥羽市相差町・昭和20年代・提供＝個人蔵〉

特集◆

# 二人の海の恩人　佐藤忠勇と御木本幸吉

**佐藤忠勇と胸像**　昭和57年3月14日、除幕式の日である。画期的な垂下式カキ養殖法を県内で初めて成功させ、全国に広まった。また、同20年にGHQによりカキの生食が禁止されるなかで、生でも安全にカキを食べられるように紫外線殺菌浄化法を確立した。〈志摩市磯部町的矢・昭和57年・提供＝佐藤養殖場〉

志摩市磯部町的矢地区に清浄カキで有名な「的矢かき」の生みの親、佐藤忠勇《ただお》（明治二十年～昭和五十九年）の胸像がある。昭和五十七年、「的矢区民有志一同」の名で建立されたものである。

東京生まれの佐藤が東北帝大農科大学水産科（現北海道大学）を卒業後、「的矢湾真珠株式会社」の現場責任者として養殖真珠の開発競争でわきたつ的矢湾へやってきたのは、大正八年の秋三二歳の時であった。しかし翌年、宿毛湾（高知県）で御木本系の真珠会社が真円真珠養殖の実用化に成功したというニュースが入る。

後れをとった佐藤が「何とかこの的矢の海で生活する手だてはないものか」と研究を続ける中、ある日真珠の養殖筏に使用していた孟宗竹にカキの稚貝が付着しているのを見つける。その後「垂下式カキ養殖法」を県内で初めて成功させ、昭和三年、本格的にカキ養殖に乗り出した。戦時中はカキで食糧増産に寄与、さらに同二十八年、紫外線殺菌灯を用いた流水海水浄化装置を特許出願し、以後「的矢かき」は清浄カキとして絶大な人気を博したのである。

一方、半農半漁だった五ヶ所浦（現南伊勢町）に御木本幸吉（安政五年～昭和二十九年）が五ヶ所湾養殖場を開設したのは、明治四十一年。一時は従業員の数が一〇〇〇人を超えた養殖場は給料が高く、御木本の従業員に嫁ぐのが文字通り「玉の輿」といわれたという。五ヶ所浦在住の男性（昭和六年生）は「五ヶ所浦にとって御木本さんは救世主、安心してご飯が食べられたのは御木本さんのお陰やった」と、当時のことを振り返り感謝の気持ちを述べる。

さて、親子ほど歳の差のある二人が初めて会ったのは佐藤が真珠養殖を再開した昭和二十三年以降であったという。

「お互いに相手のことは知っていたが面識はなかった。初めて御木本に会ったとき、彼が言うには、「お前はカキの王様だが、わしは真珠の帝王だ」——彼も口が悪い」と『真円真珠70年』に記している。

豊穣な海を抱えながらも現金収入を得ることの少なかった海辺の村々に、「真珠の帝王」と「カキの王様」が興した地場産業は、自然災害や海洋環境、社会情勢の変化など、紆余曲折を経て今もなおこの地に引き継がれている。

（﨑川由美子）

**垂下式カキ養殖法**　デレッキと呼ばれる機械でカキを引きあげるようすを見る若き日の佐藤。それまでは竹の棒を潮間帯に突き刺して稚貝を付着して育てていたが、海中で養殖するスタイルへ変わった。〈志摩市磯部町的矢・昭和初期・提供＝佐藤養殖場〉

**セルガキの洗浄と箱詰め**　浄化したセルガキを箱詰めする従業員と、作業を見守る佐藤。セルガキとは殻付きカキのことで、紫外線を1分間照射した海水の中にカキを20時間入れて滅菌することで浄化される。〈志摩市磯部町的矢・昭和40～50年代・提供＝佐藤養殖場〉

**セルガキの出荷**　箱詰めしたセルガキを佐藤養殖場のトラックに積み込む。「カキは生で食べるのが一番おいしい」という信念のもと、当初から産地直送を貫き、木箱は国鉄鳥羽駅から東京に運ばれた。〈志摩市磯部町的矢・昭和30年代後半・提供＝佐藤養殖場〉

**ミキモト真珠島**　英虞湾にある神明浦とともに真珠の養殖の発祥地として知られる。昭和26年にレジャー施設として開設。同28年に御木本幸吉像が建立された。記念撮影をしているのは京都から修学旅行に訪れた児童ら。当時も今も、海女が貝を採集したり、「ピュー」と磯笛を鳴らしたりする姿を見ることができる。〈鳥羽市鳥羽・昭和30年代・提供＝八木基明氏〉

**船で真珠島北西部の桟橋に向かう**　岩崎桟橋と真珠島の間の観光客輸送は当時、写真の志摩観光汽船（現志摩マリンレジャー）などが担当していた。左奥に「MIKIMOTO PEARL ISLAND」と書かれた看板が見える。島ではアメリカの軽音楽、時には軍艦マーチを聴かせて、グリーンの制服の係員が船を迎えたという。〈鳥羽市鳥羽・昭和27年・提供＝山本留吉氏〉

**一般公開初期の真珠島東部**　左端は真珠の選別やネックレスの組み立てなどの工程を実演していた真珠工場で、その出口が見える。右の教会のような建物は「真珠館」で、各種真珠の標本や参考品が陳列されていた。〈鳥羽市鳥羽・昭和27年・提供＝山本留吉氏〉

12

# 学び舎の記憶

明治期の学校では教師主導そして暗記中心の教育が行われ、厳しい試験が実施された。大正期中頃からは児童生徒の興味や関心を尊重する教育が広がった。大正自由教育とも呼ばれ、生活そのものを学習の機会とした。学校劇が上演され、時には教室を離れて地域での教育活動も行われた。遠足、海浜学校なども取り組まれた。これらは昭和の戦時期には下火となった。

昭和二十年八月、我が国は敗戦を迎えた。連合国軍の占領下に矢継ぎ早の指令が出され、軍国主義の排除と民主化がはかられた。アメリカから教育使節団が来日し、各地の学校視察などを経て報告書を作成。提言をふまえて、教育改革が推進された。

昭和二十二年三月末に教育基本法と学校教育法が制定され、四月から六・三・三・四制の学校教育がスタートした。義務教育は九年制とされたが、中学校の改革が特筆される。従前から刷新され、無試験での入学、授業料の徴収はなく男女共学が基本であった。しかし、物資が乏しく、経済が混乱した状況で独立校舎を確保することは困難であり、前途多難な出発であった。

高等学校には学区制が敷かれ、総合制・男女共学とされた。占領政策で推し進められたが、庶民は優秀な伝統校の復活を求めるなど、両者の意識に温度差があった。結局のところ、十分に定着しなかった。

授業に関しては、社会科の新設に伴い、各学校独自のカリキュラム開発が試みられた。児童生徒の興味と関心に基づき、主体的な活動を通じて、生活上の諸課題を解決できる能力の育成が目指された。昭和二十六年十月に有緝《ゆうしゅう》小学校で開催された近畿地区の幼稚園と小学校のワークショップ（研究集会）には、ＣＩ＆Ｅ（民間情報教育局）のユワーズとアンブローズが講師として赴き、児童中心主義の教育の普及が進められた。当時にあって、この教育方法をめぐる指導上の問題や批判も発生していた。昭和三十年代を皮切りに、各教科の知識習得を重視する系統学習へと移行していった。

中学校を卒業した生徒は、都市部に集団就職するのが一般的であった。高度経済成長期以降、上級学校への進学率が高まった。後期中等教育機関の多様化と整備が進み、現代に至っている。

（井上兼一）

**有緝国民学校の卒業式**　明治7年創立の河崎学校と船江学校が統合して同16年に有緝学校が誕生した。20年には有緝尋常小学校となり、その後も改称を重ね、昭和16年に宇治山田市有緝国民学校、同22年に現在の有緝小学校となる。校舎の上部の窓ガラスは空襲の被害を防ぐために和紙をあてて補強している。〈伊勢市船江・昭和21年・提供＝西川満氏〉

**有緝《ゆうしゅう》幼稚園の七夕祭り**
昭和20年の空襲により園舎が全焼し、地元有志の尽力で保育が再開したのは同23年のことだった。頭に星の飾りをつけて七夕の記念撮影をする子どもたち。〈伊勢市船江・昭和29年・提供＝中川正氏〉

**まるこ幼稚園の学芸会**　伊勢聖マルコ教会の付属幼稚園として昭和29年に設立。写真は本格的な衣装や杖を使って聖書を題材にした劇に取り組んでいるところ。〈伊勢市一之木・昭和35年頃・提供＝山本幸平氏〉

**常盤幼稚園の海水浴**　7月に園で二見浦へ遊びに行き、水泳やパン食い競争を楽しんだ。アメリカの女性宣教師ジェッシー・ライカーが園の生みの親となり、大正2年に誕生した幼稚園である。〈伊勢市二見町茶屋・昭和45年・提供＝ビジネスホテル山本〉

**御薗村保育園の修了式**　大きめのコートを羽織っている子どもの姿が多く見られる。開設は昭和25年で、当初は小学校の旧校舎の一部を保育園と御薗村公民館とで共有して利用していた。〈伊勢市御薗町長屋・昭和20年代後半・提供＝早川繁一氏〉

**波切保育所の運動会**　波切小学校のグラウンドを借りて行った。波切保育所は平成26年に大王第三保育所と船越保育所と統合した。〈志摩市大王町波切・昭和60年頃・提供＝西村日出子氏〉

**片田保育所のお遊戯会**　3月4日に行われているため桃の節句にちなんだ催しであったろう。平成24年に片田、布施田、和具、越賀、御座の5つの保育所は統合された。〈志摩市志摩町片田・昭和41年・提供＝個人蔵〉

**かもめ幼稚園のマーチングバンド**　元気よく太鼓の演奏と踊りに取り組む子どもたち。背景に見えている建物は鳥羽高校である。平成15年に鳥羽幼稚園と合併している。〈鳥羽市大明西町・昭和55年・提供＝中村陽子氏〉

**明倫小学校の入学式**　明治15年に尾上学校の一部、岡本学校、岩渕学校、吹上学校、六合学校が合併して明倫学校となり、同17年に開校式が行われた。校舎にアルファベットでMEIRINと書かれている。卒業生に伝説的なプロ野球選手の沢村栄治がいる。〈伊勢市岡本・昭和43年・提供＝ビジネスホテル山本〉

**明倫小学校創立百周年大運動会**　昭和59年に百周年を迎え、翌60年3月までにさまざまな記念行事が行われた。校庭で踊る幼稚園児たちの背後に写るのは、同27年に建設された旧校舎。この後62年に新校舎が完成し落成式が挙行された。〈伊勢市岡本・昭和59年・提供＝大羽弘子氏〉

**有緝小学校の空撮**　菱形の校章を人文字で再現した。この頃は鉄筋コンクリートと木造校舎が併存していた。写真の上側にあるのは有緝幼稚園である。〈伊勢市船江・昭和48年頃・提供＝加藤真弓氏〉

**有緝小学校の入学記念**　この写真が撮影された昭和30年に、宇治山田市は伊勢市に名称変更された。背景は講堂でモダンな建物だったが、伊勢湾台風により大破した。〈伊勢市船江・昭和30年・提供＝中川正氏〉

**早修《そうしゅう》小学校の卒業記念**　浦口学校と常磐学校が明治15年に統合して早修学校が創立。同20年、早修尋常小学校に改称された。早修小学校となったのは昭和22年である。この写真は7列にも及んでおり、児童数の多さに驚かされる。〈伊勢市常磐・昭和32年・提供＝牧戸和男氏〉

**早修小学校の運動会**　背筋がしゃんと伸びた女子児童たちのダンス競技。「手のひらを太陽に」に合わせて踊っているところ。日差しが強いとはいえ、この頃は猛暑に悩まされることもなく競技に専念できた。〈伊勢市常磐・昭和42年・提供＝中村昭氏〉

**早修小学校の空撮**　校庭に描かれた校名の人文字を写した一枚。学校の奥には伊勢神宮の外宮の森が広がっている。写真手前の墓地の細い道を歩いて登下校した子どももいたという。学校正門の前には「いっぷく」という小さな文房具店があったという話もある。〈伊勢市常磐・昭和45年頃・提供＝中村昭氏〉

**城田《きだ》小学校の校舎**　明治6年に大楽寺を借りて創立された上地学校を源流の一つとして、さまざまな統合と改称を経て同32年に城田尋常小学校が創立された。昭和30年に城田村が伊勢市に編入されたのに伴い、伊勢市立城田小学校となる。〈伊勢市上地町・昭和30年代・提供＝伊勢市〉

**厚生小学校の運動会**　鉄筋に建て替える前の木造校舎が建つ。校庭では翌年に厚生小学校に入学する厚生幼稚園の園児を運動会に迎えているところ。〈伊勢市一志町・昭和36年・提供＝大羽弘子氏〉

**大湊小学校の卒業記念**　学校の始まりは明治7年に東町で24名の児童を集めて「読み書きそろばん」を教えたことに遡る。令和3年に神社小学校と統合してみなと小学校が設立され、大湊小学校は閉校した。〈伊勢市大湊町・昭和30年・提供＝三宅あゆみ氏〉

**四《し》郷《ごう》小学校の卒業記念**　明治41年に朝熊尋常小学校などを統合し、四郷尋常高等小学校を設立。改称を経て昭和22年に四郷小学校となった。〈伊勢市楠部町・昭和28年頃・提供＝豊田さと子氏〉

**小俣小学校の卒業記念**　明治6年に小俣学校として誕生。寺院や民家を借りて授業を行っていた。同41年に小俣尋常高等小学校と改称され、昭和22年に小俣小学校となる。明野飛行場を有する陸上自衛隊明野駐屯地が付近にあるため、同47年より防音校舎が新築された。〈伊勢市小俣町元町・昭和38年頃・提供＝中島徳丸氏〉

**御薗《みその》小学校の卒業記念**　明治8年から高向、長屋、王中島、新開、上條、小林の各地区に学校が設立され、それらが統合されて同25年に御薗尋常小学校と改称。平成17年に御薗村が伊勢市に合併されたため、御薗村立から伊勢市立に変わった。〈伊勢市御薗町長屋・昭和36年・提供＝早川繁一氏〉

**成基小学校の卒業記念**　校舎の上部に描かれた味のある模様が特徴的だ。戦後間もないため、まだ国民服を着ている姿が見える。同校は明治9年に山原学校として開校し、平成28年に磯部町内の3つの小学校の統合により閉校。令和元年、校舎跡地には通信制高校・代々木高等学校の志摩夏草本校が開校した。〈志摩市磯部町山原・昭和25年・提供＝古田儀之氏〉

**神明小学校の運動会**　玉入れに熱中する児童たち。教師や保護者か、大人たちも混じっている。平屋の木造校舎がノスタルジーを誘う。〈志摩市阿児町神明・昭和41年・提供＝溝口登志裕氏〉

**鵜方小学校の卒業記念**　着ているものが微妙に異なっていたり、背景の校舎の入り口にしめ縄が飾られているところに味わいがある一枚。同校は平成23年、地域の声を生かし、地域と一体となって特色ある学校づくりに取り組む「コミュニティ・スクール」指定校に選ばれている。〈志摩市阿児町鵜方・昭和29年・提供＝中嶋信也氏〉

**甲賀小学校の空撮**　「甲小」の人文字が描かれた校庭。その下にある校舎の左にある建物は妙音寺である。少し歩けば甲賀城址や阿児の松原海水浴場に出る。同校は平成30年に閉校した。〈志摩市阿児町甲賀・昭和40年代・提供＝中井勝利氏〉

**南張《なんばり》小学校の創立100周年記念式典**
11月10日、穏やかな秋の日に運動場にパイプ椅子を並べて開催された。同校は平成15年に浜島小学校と統合し、閉校。現在この場所には介護施設のシルバーケア豊壽園が建っているが、校庭にあった二宮金次郎の銅像が当時のまま残されている。〈志摩市浜島町南張・昭和60年・提供＝井上博暁氏〉

**迫塩《はくえん》小学校の旧校舎**　校庭の奥に建つのは解体前の木造校舎である。昭和34年の伊勢湾台風では東側の校舎1棟が崩壊する被害を受けた。学校のルーツは明治10年設立の迫子学校に遡る。同25年に迫塩尋常小学校、昭和22年に迫塩小学校に改称した。〈志摩市浜島町・昭和53年・提供＝志摩市歴史民俗資料館〉

**迫塩小学校の新校舎**　鉄筋コンクリートの立派な校舎が昭和53年に建ったのは地元住民の復興への尽力が大きかった。平成22年に浜島小学校と統合し、閉校。新しい浜島小学校として、浜島に新校舎を建てて新たなスタートをきった。〈志摩市浜島町迫子・昭和57年・提供＝志摩市歴史民俗資料館〉

**和具国民学校の卒業記念**　戦後間もないため足元はぞうりを履いている子もいる。場所は現在の志摩小学校西側の体育館前付近。写真提供者の曽祖母も写っている。〈志摩市志摩町和具・昭和21年・提供＝東岡晴海氏〉

**和具小学校の入学記念**　昭和22年に和具国民学校から和具小学校に改称した。平成29年に同校をはじめ志摩地区の小学校が合併し、志摩小学校として新たに歩み出した。〈志摩市志摩町和具・昭和35年・提供＝東岡晴海氏〉

**小浜小学校の入学記念**　昭和40年代はまだまだ和服の保護者が多かった。同校は昭和28年に開校し、平成19年に全児童が卒業したため休校となり、同21年に鳥羽小学校と統合して閉校となった。残された校舎は三重大学の水産実験所等に活用されている。〈鳥羽市小浜町・昭和43年・提供＝石原ふじ氏〉

**安《あ》楽《ら》島《しま》小学校のクラス写真**　リラックスした雰囲気の中で撮られた一枚で、特に男児は自由なポーズと表情が印象的だ。前列左端からヨーイドンの構え、にらめっこのようなおどけた仕草、級友の肩を抱く姿が続く。背後から二宮金次郎像が見守っている。同校は明治35年に第一校舎を建設し、同44年に第二校舎を、昭和21年に第三校舎を竣工したという。〈鳥羽市安楽島町・昭和26年頃・提供＝小池つや子氏〉

**加茂小学校の運動会**　高学年による組体操。キリリとした緊張感が漂う。現在は危険を理由に演じられることが減ったが、組体操は運動会の華でもあった。現在の校舎は緑色に塗られた特徴ある建物である。一時期在学していたのが歌手の五木ひろしで、平成25年の竣工式にも臨席した。〈鳥羽市岩倉町・昭和61年・提供＝中村陽子氏〉

**弘道小学校の運動会**　晴れやかな秋空の下に万国旗がはためき、絶好の運動会日和。背後の校舎は、この後平成23年に新校舎へと建て替えられ、この場所には体育館が新しく建てられた。同校は明治9年に相差学校として開校し、同17年に畔蛸学校と合併し、弘道学校となった。〈鳥羽市相差町・平成4年・提供＝個人蔵〉

**桃取小学校の卒業記念**　校舎の前で先生とPTA役員とともに。答志島の西側にある桃取町にあった小学校で、校庭の向こうに海が広がっていた。平成29年に鳥羽小学校と統合し、閉校した。運動会では全校生徒で輪になって「桃取音頭」を踊ったこともあったという。「ハア ここは桃取 離れた島よ コラショ 波の中にも この楽土 ヤンレ エンヤホイノ」といった歌詞であった。〈鳥羽市桃取町・昭和29年・提供＝齋藤喜美子氏〉

**下《しも》外《と》城《き》田《だ》小学校の空撮**　愛称である「下小」を人文字で描いた。現在も周囲は田畑に囲まれており、のどかな雰囲気に包まれている。〈玉城町小社曽根・昭和38年・提供＝玉城町教育委員会〉

**東《ひがし》外《と》城《き》田《だ》小学校のクラス写真**　新年が明けた1月20日に撮影。4年生の級友たちがにこやかな表情をしている。昭和30年に玉城町が発足するのに伴い、外城田小学校と改称した。〈玉城町蚊野・昭和24年・提供＝田中敬一氏〉

**有田小学校のクラス写真**　写っているのは3年生。男子は坊主頭、女子はおかっぱ頭という時代を感じる髪型をしている。〈玉城町長更・昭和24年頃・提供＝岡谷昌行氏〉

**小川郷《おがわごう》小学校の旧木造校舎**　明治8、9年に寺院を仮校舎として5つの学校を設立したのが始まり。同40年に小川尋常高等小学校と改称。昭和16年に小川郷村国民学校、同22年に小川郷小学校と改称した。〈度会町中之郷・昭和40年代頃・提供＝岡谷昌行氏〉

**小川郷小学校の校舎**　昭和57年4月に木造から鉄筋2階建ての校舎になった。平成20年に度会小学校へ統合され、閉校した。現在、旧校舎は度会町ふるさと歴史館として利用されている。〈度会町中之郷・昭和57年頃・提供＝岡谷昌行氏〉

**小川郷小学校の運動会**　低学年の演技と思われる。校舎は昭和15年に建てられたものだ。〈度会町中之郷・昭和40年代後半・提供＝前田和代氏〉

**内城田《うちきだ》小学校のクラス写真**　1年生たちが揃ってパチリ。肩を組んだり、ポケットに手を入れたり、笑ったり、しかめっつらをしたりしている。平成20年に閉校した。〈度会町棚橋・昭和33年頃・提供＝東谷博氏〉

**五ヶ所小学校の校舎**　プールが完成したのが昭和49年だった。同校は平成26年に穂原小学校、宿田曽小学校、南海小学校と統合し、現在は南勢小学校となっている。〈南伊勢町五ヶ所浦・昭和50年代・提供＝愛洲の館〉

**宿田曽《しゅくたそ》小学校の校舎**　昭和36年に完成した新校舎。同校は平成26年に閉校し、現在は「しゅくたそ笑楽校」というキャンプ施設として利用されている。〈南伊勢町田曽浦・昭和36年・提供＝愛洲の館〉

**礫浦《さざらうら》小学校**　校舎が新築されてまもない頃のようす。学校が海のそばにあった頃で、目の前は漁港である。〈南伊勢町礫浦・昭和32年頃・提供＝愛洲の館〉

**穂原小学校**　校庭の大銀杏（樹齢約400年）は「オハツキイチョウ」として町指定の天然記念物に登録されており、現在も黄葉の名所となっている。〈南伊勢町伊勢路・昭和54年頃・提供＝愛洲の館〉

**滝原小学校の空撮**　カタカナで書かれた人文字がかわいらしい。明治6年に廃寺を使って野後小学校を設立、昭和31年に滝原小学校に改称。平成15年に閉校した。〈大紀町滝原・昭和30年代頃・提供＝大紀町教育委員会〉

**七保第二小学校の大運動会①**　創立100周年に行われた大運動会でにぎわう校門。学校に露店が出るなど、町民総出で大いに盛り上がった。平成13年に閉校した。〈大紀町永会・昭和50年・提供＝清水浩行氏〉

**七保第二小学校の大運動会②**　明治、大正、昭和と時代ごとの衣装に扮して仮装行列を行った。〈大紀町永会・昭和50年・提供＝大紀町教育委員会〉

**錦小学校のクラス写真**　まもなく2年生に進級する前、3月25日に写した1年生たち。当時は40人学級で、ABCの3クラスがあった。同校は明治9年に金蔵寺の一室を借りて始まった。背景に写る旧校舎は昭和9年に建てられたもの。現在の校舎は昭和43年に落成した。〈大紀町錦・昭和32年・提供＝西村良穂氏〉

**倉田山中学校の卒業記念**　神職を養成する神宮皇學館大学が第二次大戦後に廃学したため、その校舎を利用するかたちで倉田山中学校は昭和22年に開校した。背景の右側の建物は現在の皇學館大学記念館として利用されている。ちなみに倉田山中学校校歌を作詞したのは国語学者で歌人の土《と》岐《き》善《ぜん》麿《まろ》である。〈伊勢市神田久志本町・昭和24年・提供＝西川満氏〉

**厚生中学校のバレー部**　卒業記念に撮った写真である。前列中央の男子生徒がバレーボールを手にしている。昭和22年に第三中学校として開校し、翌年に厚生中学校に名前を変えた。アテネ五輪女子金メダリストの野口みずきの母校でもある。〈伊勢市一志町・昭和29年・提供＝西川敏子氏〉

**北浜中学校の校舎**　校名のとおり伊勢湾が広がる浜辺に建っていた。昭和22年に北浜村立の中学校として創立。平成31年に豊浜中学校と統合し、植山町に新しく桜浜中学校が開校したことに伴い、北浜、豊浜の両校は閉校となった。〈伊勢市村松町・昭和中期・提供＝伊勢市〉

**小俣中学校のクラス写真**　担任の先生が伊勢市からカメラマンを連れてきて、1年生のクラス写真を独自に撮った。生徒たちは皆うれしそうだ。場所は地元で「離《り》宮《きゅう》さん」の名で親しまれている官舎神社の鳥居前。8世紀に創建された古社で、旅や漁師に関する神社として信仰を集めていたが、戦時中は戦勝祈願が主となり、先生に引率されて生徒が揃って参拝に来ていたという。〈伊勢市小俣町本町・昭和22年・提供＝小林みつ子氏〉

**小俣中学校の卒業記念**　校舎のローマ字が目を引く。昭和22年に小俣中学校として開校し、城田中学校と合併して一時は小城中学校と改称するも同24年に元の校名に戻る。この学年は4クラスあり、生徒数218名、教師23名だった。1クラスに約55名在籍しており、生徒が多かった。〈伊勢市小俣町相合・昭和32年・提供＝時長和弘氏〉

**磯部中学校の校門**　開校した昭和22年は磯部小学校の校舎を借りながら授業を行っていたが、設備の充実が順次図られ同30年代にはプールも完成した。写真は旧校舎の姿。運動会では生徒たちが近くの山に杉の枝をとりに行き、入場門のアーチを作ったこともあったという。〈志摩市磯部町恵利原・昭和56年・提供＝古田儀之氏〉

**磯部中学校の学芸会**　敗戦からまだ数年しか経っていないが、生徒たちのにこやかな表情から未来への希望が感じられる。〈志摩市磯部町恵利原・昭和25年・提供＝古田儀之氏〉

**磯部中学校の新校舎**　新しくなった校舎。昭和60年に完成した。〈志摩市磯部町恵利原・昭和62年・提供＝古田儀之氏〉

**浜島中学校の運動会**　フォークダンスのひと時である。昭和22年に開校し、当初は浜島小学校や菅田にあった旧青年学校の校舎を借りながらスタートした。現在の場所に移転したのは同25年のこと。伊勢えび祭では本校のブラスバンドの部員やOBが演奏に参加している。〈志摩市浜島町塩屋・昭和43年頃・提供＝岩本徳文氏〉

**桃取中学校の卒業記念**　校庭で整列した3年生たち。学び舎が天神山の中腹にあったため、教室にたどり着くためには168段の階段を上らなければならなかった。背景の木々はシイノキで、実を食べる生徒もいたという。昭和54年に同校、鳥羽、菅島の３つの中学校が閉校し、新たに統合した鳥羽東中学校が安楽島地区に誕生した。〈鳥羽市桃取町・昭和32年頃・提供＝齋藤喜美子氏〉

**加茂中学校の木造校舎**　鳥羽市の中では唯一、校区が海に面していないことで知られる。昭和22年に開校し、写真の校舎は同24年に完成したが、34年の伊勢湾台風で大破した。鳥羽東中学校と統合することになっており、令和8年に新たな鳥羽中央学校が開校する。〈鳥羽市岩倉町・昭和30年代・提供＝中村陽子氏〉

**玉城中学校の校舎建設**　玉城町唯一の中学校で、田丸城址の中に建つという全国でも珍しい立地。田丸町、東外城田村、有田村、下外城田村の各中学校が統合されていき、昭和22年に城東中学校となり、さらに同38年に学区統合により現在の校名に改称した。〈玉城町田丸・昭和37年頃・提供＝玉城町教育委員会〉

**玉城中学校の体育祭**　9月の晴天に開催され、みなが全力で競い合った。〈玉城町田丸・昭和50年・提供＝田中敬一氏〉

**城東中学校**　昭和22年に明野高校と統合した旧田丸実業女学校の校舎を利用して開校した。田丸町外二ヶ村学校組合立城東中学校という校名であったが、同30年に玉城町の発足にともない玉城町立城東中学校と改称した。〈玉城町田丸・昭和30年頃・提供＝玉城町教育委員会〉

**度会中学校の体育祭**　1年生による仮装行列の記念撮影で、このクラスは「人間の一生」というユーモアあふれるテーマの仮装で見事優勝した。同校は 内城田、中川、一之瀬、小川郷の各中学校を統合して昭和51年に開校した。女子ソフトボール部は全国大会の常連である。〈度会町棚橋・昭和51年・提供＝前田和代氏〉

**内城田《うちきだ》中学校の全景**　昭和22年に内城田村立内城田中学校として創立。写真の校舎は伊勢湾台風、室戸台風、そして同47年の台風20号の被害を受けながら建ち続けた。51年、度会中学校の開校に伴い閉校した。〈度会町棚橋・昭和40年頃・提供＝東谷博氏〉

**宿田曽《しゅくたそ》中学校**　昭和36年に完成したばかりの3階建ての新校舎を撮影。平成17年に宿田曽、五ヶ所、南海の3つの中学校は南勢中学校に統廃合された。〈南伊勢町田曽浦・昭和36年・提供＝愛洲の館〉

**宿田曽中学校の卒業記念**　旧校舎の前で写した一枚。前列中央の男性は後に旧南勢町の教育長を務めた岸井明教諭。現役時代はゴジラのニックネームで生徒たちから親しまれていた。昭和元年の生まれで、令和7年2月現在も健在。〈南伊勢町田曽浦・昭和32年・提供＝岡野勝廣氏〉

**伊勢高校の体育祭①**　同校は昭和31年に創立。当初は市立中島小学校旧校舎を仮校舎としていたが、同33年に倉田山の現在地に新校舎が完成し移転した。写真は体育祭の仮装行列で、『オバケのＱ太郎』の仮装をしている。40年、テレビアニメで放映されると「オバＱブーム」と呼ばれるほど全国で人気となった。〈伊勢市神田久志本町・昭和41年頃・提供＝中川正氏〉

**伊勢高校の体育祭②**　アメリカやベトナムなど各国をテーマにした仮装のようだ。同校は旧宇治山田中学校を前身として開校したため初年度の新入生はすべて男子生徒だった。その後徐々に女子生徒も増えていった。〈伊勢市神田久志本町・昭和43年頃・提供＝個人蔵〉

**伊勢工業高校の体育祭**　体育祭の仮装行列で、「天の岩戸」伝説がテーマのようだ。同校は、明治29年開設の大湊工業補習学校を嚆矢とする。戦後は学制改革により宇治山田市立工業高校となり、昭和25年に市立女子商業高校、県立山田商業高校と統合され、宇治山田商工高校となった。同33年に県立伊勢工業高校・宇治山田商業高校・伊勢実業高校（定時制）に分離独立したが、しばらく同じ校舎のままだった。〈伊勢市神久・昭和39年・提供＝中村陽子氏〉

**宇治山田商業高校の秋季体育祭**　ブラスバンド部が行進しているところ。同校の運動場整地は昭和39年夏に完了しているので、その直後に開催された体育祭と思われる。〈伊勢市黒瀬町・昭和39年頃・提供＝林喜久郎氏〉

**宇治山田商業高校の空撮**　同校は明治41年に宇治山田市立商業補習学校として創立。戦後の学制改革では宇治山田商工高校となるが、昭和33年に独立し、同38年に黒瀬町に移転した。写真の人文字は東京オリンピック記念に撮影されたもので、真新しい鉄筋校舎ときれいに整地された校庭も共に写っている。〈伊勢市黒瀬町・昭和39年・提供＝林喜久郎氏〉

**志摩高校の旧校舎**　昭和29年に全日制の磯部高校と定時制の鵜方高校が統合し創立。統合当初は旧磯部校舎を北校舎、旧鵜方校舎を南校舎としていた。また、小学校を間借りして授業を行うこともあったという。写真は同30年5月30日の撮影で北校舎の全景。この年の9月に南校舎は閉鎖され、北校舎に統合されている。〈志摩市磯部町恵利原・昭和30年・提供＝古田儀之氏〉

**志摩高校の新校舎**　昭和50年から54年にかけて、前ページ写真の旧校舎から新しい校舎に建て替えられた。〈志摩市磯部町恵利原・昭和60年・提供＝古田儀之氏〉

**水産高校卒業記念**　校舎入口で撮影。同校は明治35年に組合立崎島水産補習学校として創立した。戦後は学制改革により昭和23年に和具高校となり、翌24年に水産高校と改称した。前列左端は写真提供者の曽祖母。〈志摩市志摩町和具・昭和28年頃・提供＝東岡晴海氏〉

**明野高校度会分校**　昭和23年に明野高校の内城田分校として開校。同30年に度会分校と改称した。39年に普通科を設置。写真は42年に入学記念で撮影されたものである。度会分校はこの後49年に度会高校として独立開校した。〈度会町棚橋・昭和42年・提供＝東谷博氏〉

# 13 子どもたち

子どもの姿には、世相や地域の経済、流行などが分かりやすい形で現れる。昭和期（戦前〜戦後）の子どもたちの写真を見ると、まだ着物を着ていたり、草履や裸足で外に出ていたりする。遊び場は路地や自宅の庭である。また、年齢の違う子どもたちが一緒になって遊ぶ姿、また地域の人びとに見守られながら生活するようすを知ることができる。

しかし、伊勢志摩でも高度成長期以降、道路が拡幅・舗装され自動車が増えた結果、路地から子どもたちは追われ、また少子化や核家族化、地域のつながりの希薄化で、かつての子どもたちの生活空間・環境は失われつつある。平成期以降はゲームやネットの普及により室内で過ごす時間が増えたり、塾などの習い事によって友達との遊びの時間が減少したり、子どもたちの世界の様相には変化が生じている。なお、特殊な例ではあるが、鳥羽市の答志島では地域の世話役が中学卒業後の男子を預かり実の家族のように育てる「寝屋子制度」が令和初期の時点でも残っている。地域で子どもたちを育成するという文化の一断面を伊勢、志摩では現在でも見ることができる。

また、写真からは子どもの遊び場の地域的特性を看取できる。鳥羽、志摩方面の写真には浜辺や船の上で遊ぶ姿、伊勢附近では宮川や外城田川で泳ぐようすが写されている（「近代の伊勢志摩」の章参照）。この地域には豊かな河川と美しい海があり、子どもたちはその自然の中で生活していた。現在、そうした姿は徐々に見られなくなっているが、五十鈴川の烏帽子岩あたりで子どもたちが水に親しむ姿は今も昔も変わらない。

もう一点、写真から分かる特性は、地域の行事で子どもが重要な役割を担っていた（担っている）ことである。遷宮に向けたお木曳行事では各地域に奉曳《ほうえい》団が結成され、木遣《きや》りの練習も行われる。遷宮以外の祭り、例えば伊雑宮や猿田彦神社の御田植祭では早乙女、八乙女と呼ばれる子どもたちが早苗を植えたり、運んだり、太鼓や舞を披露する。少子化の問題があるとはいえ、現在でも子どもたちの参加は続けられている。

伊勢、志摩の子どもたちは、遷宮や地域の祭礼という伝統の中にその身を置き、大人になった彼らはまた次の世代に伝統をつなげていく。本稿執筆時（令和七年）は、同八、九年のお木曳に向けて地域で木遣りの練習が開始された時期にあたり、宇治山田駅周辺などで「エンヤー」の元気な掛け声を聞くことができる。

（長谷川怜）

**銭湯・幸福湯の前にて**
かつて銭湯は庶民の社交場であった。老いも若きも一緒に入り、昭和の子どもたちは銭湯で行儀も教えられた。子ども同士は学校の後に銭湯でも顔を合わせた。友だちも教室にいる時と、家族と一緒の銭湯では、雰囲気が違って見えたという。〈伊勢市一之木・昭和36年頃・提供＝山本幸平氏〉

**行商用の籠《かご》に乗る**　いたずらっ子は荷を運ぶ籠に乗ってごきげん。当時は天秤棒で籠を担ぎ、魚などを行商する女性たちが見られた。また、大八車による行商もかつてはあったという。伊勢志摩沿岸は海の幸が豊富であることから、近鉄の「鮮魚列車」が昭和中期から令和2年まで運行されていた。〈伊勢市船江・昭和41年・提供＝加藤真弓氏〉

**シェー！**　伊勢神宮の式年遷宮行事「お木曳き」の法被《はっぴ》を着て、赤塚不二夫原作のアニメ「おそ松くん」のキャラクター・イヤミのポーズをする男の子。このポーズは当時大流行しており、ゴジラが映画の中でシェー！、来日したビートルズもシェー！と、まさに社会現象を巻き起こした。〈伊勢市河崎・昭和41年・提供＝阿竹悌一氏〉

**2人でシェー！**　お正月に着物を着て姉妹でポーズ。ちなみに、この写真が撮影された昭和41年の流行語には「しあわせだなぁ」（加山雄三）、「こまっちゃうな」（山本リンダ）、「シュワッチ」（ウルトラマン）などがある。〈度会町当津・昭和41年・提供＝藤田正美氏〉

**月光仮面だぞ！**　便所の汲み取り口の横に立ち、ヒーローの姿で格好よく決めている男の子。テレビ映画「月光仮面」は昭和33年に放送開始。テレビが家庭に普及し始めた頃で、街頭テレビでも放映されて大反響を呼び、放送時間には銭湯から子どもがいなくなったという。〈伊勢市河崎・昭和30年代〉・提供＝中川正氏〉

**厚生小学校の遠足**　3年生の児童たちが神宮徴古館に行き、集合写真を撮った。当時は農業館と合わせて「徴古館農業館」の名称であった。昭和20年の空襲で屋根が焼けてなくなっている。〈伊勢市神田久志本町・昭和23年・提供＝西川敏子氏〉

**北新橋でハイ、チーズ**　勢田川に架かる北新橋の上でカメラに納まる子どもたち。全員同級生で、下校時に写したもの。表情とポーズはさまざまだ。当時の子どもたちは駄菓子やベーゴマ、おはじき、缶蹴り、日光写真などに夢中だったという。〈伊勢市河崎・昭和30年・提供＝中川正氏〉

**大根干しのそばでパチリ**　漬物用の大根が、宮川堤で干されている。その横で幼子がちょこん。子守りの時の一枚であろうか。〈伊勢市小俣町元町・昭和28年頃・提供＝髙木房子氏〉

**舟も遊び場**　波切漁港に並ぶ舟の上で女の子たちが遊んでいる。貝殻を皿か何かに見立てて物を置き、ままごとかお店屋さんごっこか。何でも身近なものを遊び道具にする、子どもはいつの世も遊びの天才。〈志摩市大王町波切・昭和45年・提供＝柴原千歳氏〉

**路地の子どもたち**　集落内に多い狭い道路は、子どもたちにとって格好の遊び場。写真の女の子たちは、なわ跳びで遊んでいる。〈志摩市志摩町・昭和45年・提供＝柴原千歳氏〉

**博物館ぶらじる丸にて**　鳥羽港に係留される博物館「ぶらじる丸」でパチリ。南米航路で活躍した貨客船「ぶらじる丸」は、昭和48年の引退後は港に係留され海上の博物館となり、大勢の子が遊びに行った。写真は船の上にあったガリバーとすべり台。鳥羽市の市民の森に移築され、今も遊具として親しまれている。船は平成8年の閉館後に、中国で観光施設になったという。〈鳥羽市鳥羽・昭和59年・提供＝中島大輔氏〉

**カタカタであんよは上手**　押して歩くにつれて人形が動き鍵盤が叩かれ、音が出る知育玩具「カタカタ」は、歩き始めの幼児の定番おもちゃである。さまざまな音を鳴らしながら遊んでいると、いつのまにか歩きも上手に。〈志摩市阿児町鵜方・昭和38年頃・提供＝小山廣夫氏〉

**三輪車で遊ぶ**　漁村の女の子がペダルに草履をかけて海辺で乗っている。砂浜で三輪車を漕ぐのは大変ではないのかな。埋め立て前の小浜町の景色である。〈鳥羽市小浜町・昭和40年頃・提供＝石原ふじ氏〉

**楽しいフラフープ**　女の子はフラフープで夢中になって遊んでいる。米国の玩具であるフラフープは、日本で昭和33年頃に大流行し全国を席巻した。当時はすぐに下火になったが、現在では学校教材などでも使われている。〈鳥羽市安楽島町・昭和30年代・提供＝小池つや子氏〉

**夏休みはラジオ体操**　夏休みには全国どこでも、広場や境内に子どもが集まってラジオ体操。終わると首から下げた出席カードにスタンプを押してもらい、最終日にはノートなどがもらえた。学校は休みでも、このために早起きをしたものであった。〈度会町当津・昭和41年・提供＝藤田正美氏〉

**町の子ども**　カメラを構えているのは父親だろうか、女の子がうれしそうに元気よく走ってくる。背景には当時の玉城町の家並みが見える。〈玉城町原・昭和45年頃・提供＝前田和代氏〉

**宮川で水遊び**　近辺にプールがなかった頃は川で泳いでいた。まだ鮠川《はいかわ》大橋が建設される以前の眺めである。〈度会町当津・昭和41年・提供＝藤田正美氏〉

**けさぶろうを背景に**　笑顔の男の子と女の子の後ろには、「けさぶろう」の愛称で知られた東洋工業（現マツダ）のK360が見える。昭和34年に発売された軽三輪トラック。可愛くスマートな外観で大人気となり、東洋工業は翌年に国内メーカーの自動車年間生産台数トップの座を得ている。〈大紀町永会・昭和41年頃・提供＝清水浩行氏〉

**大内山脇動物園**　動物園はいつでも、子どもも大人も笑顔になる場所である。同園は大の動物好きの園長が開いた全国でも珍しい個人経営の動物園。開園は昭和45年で、平成21年にリニューアルされ「大内山動物園」となっている。飼育動物は多種にわたり、保護動物も多いという。〈大紀町大内山・昭和59年・提供＝西尾一由氏〉

# 伊勢志摩の近現代略年表

※交通網の変遷、学校開設、統廃合等については各章に掲載

| 年代 | 伊勢志摩のできごと | 周辺地域、全国のできごと |
|---|---|---|
| 慶応 4 年／明治元年（1868） | 度会府設置 | 明治維新／江戸を東京と改称／明治と改元／神仏分離令発布／廃仏毀釈 |
| 明治 2 年（1869） | 度会府が度会県と改称／第 55 回神宮式年遷宮／明治天皇の神宮参拝（天皇として史上初） | |
| 明治 4 年（1871） | 第 1 次府県統合で現三重県県域が安濃津県と度会県に二分される／御師制度廃止、神宮司庁が設置される | 廃藩置県／欧米諸国へ岩倉使節団を派遣／神社が国家の祭祀と布告される／郵便制度開始 |
| 明治 5 年（1872） | 安濃津県が三重県と改称／山田郵便取扱所開設 | 学制発布／太陽暦採用 |
| 明治 8 年（1875） | 久邇宮朝彦親王が神宮祭主となる | 郵便取扱所が郵便局と改称 |
| 明治 9 年（1876） | 第 2 次府県統合で三重県と度会県が合併し現在の三重県となる／伊勢暴動 | |
| 明治 11 年（1878） | 初めて宮川に板橋を渡す | 三新法制定（郡区町村編制法、府県会規則、地方税規則） |
| 明治 12 年（1879） | 郡区町村編制法の施行により多くの郡が発足 | 教育令布告 |
| 明治 13 年（1880） | 山田に勧工場（かんこうば）開設 | |
| 明治 17 年（1884） | 三重県製茶会社設立 | |
| 明治 20 年（1887） | 河崎町で「神都ビール」販売開始／二見浦に賓日館開館 | |
| 明治 21 年（1888） | 御木本幸吉が神明浦で真珠貝の養殖を始める | 市制・町村制が公布される |
| 明治 22 年（1889） | 市制・町村制施行により多くの市町村が発足／第 56 回神宮式年遷宮 | 大日本帝国憲法発布／東海道線が全線開通 |
| 明治 23 年（1890） | 磯部村民が「磯部の御神田」を再興 | 第 1 回衆議院議員総選挙実施／第 1 回帝国議会開会／府県制・郡制公布／教育勅語宣布 |
| 明治 24 年（1891） | 徴古館の一部として農業館が外宮前に開館 | 大津事件／濃尾地震 |
| 明治 27 年（1894） | 神苑会が既成神苑を神宮に献納 | 日清戦争開戦 |
| 明治 29 年（1896） | 郡制施行により答志郡・英虞郡が合併し志摩郡が発足 | |
| 明治 30 年（1897） | 志摩郡答志村から菅島村・桃取村が分立／志摩郡鵜方村から神明村が分立／参宮鉄道が山田駅まで開通 | |
| 明治 35 年（1902） | 和具村外三ヵ村組合立崎島水産補習学校が開校 | 日英同盟締結 |
| 明治 37 年（1904） | 宇治橋下の網受が禁止される | 日露戦争開戦 |
| 明治 39 年（1906） | 宇治山田町が市制施行 | |
| 明治 40 年（1907） | 宇治館町に神宮文庫竣工 | 義務教育が 6 年となる |
| 明治 42 年（1909） | 外宮前に山田郵便局移転新築／第 57 回神宮式年遷宮／神宮徴古館創設 | 伊藤博文暗殺 |
| 明治 45 年／大正元年（1912） | 三重沃度製造創立／暴風雨で神宮などに被害 | 明治天皇崩御、大正と改元 |
| 大正 4 年（1915） | 第 1 回全国中等学校優勝野球大会に宇治山田中学校出場 | 対華 21 カ条要求 |
| 大正 7 年（1918） | 神宮皇學館が倉田山に移転 | シベリア出兵／米騒動が全国に広がる |
| 大正 8 年（1919） | 志摩郡浜島村が町制施行 | |
| 大正 9 年（1920） | 中之切町に如雪園開設 | 第 1 回国勢調査実施／国際連盟設立／第 1 回メーデー開催 |
| 大正 11 年（1922） | 東洋紡績山田工場操業開始 | |
| 大正 12 年（1923） | 倭姫宮創建 | 郡制廃止／関東大震災 |
| 大正 14 年（1925） | 朝熊登山鉄道開通 | |
| 大正 15 年／昭和元年（1926） | 伊勢鉄道が伊勢電気鉄道と改称／三重県商品陳列所移転新築／日本赤十字社三重支部山田病院が御薗村高向へ移転新築 | 大正天皇崩御、昭和と改元／郡役所廃止 |
| 昭和 2 年（1927） | 参宮急行電鉄設立 | 昭和金融恐慌 |
| 昭和 3 年（1928） | 志摩郡波切村が町制施行／度会郡小俣村が町制施行／波切漁港竣工 | 昭和天皇御大典祝賀行事を全国で開催／普通選挙法による最初の衆議院議員選挙実施（成人男子のみ）／治安維持法改正 |
| 昭和 4 年（1929） | 志摩電気鉄道鳥羽～真珠港間全線開通／第 58 回神宮式年遷宮 | 世界恐慌 |
| 昭和 5 年（1930） | 御遷宮奉祝神都博覧会開催／参宮電鉄が山田まで開通／伊勢電鉄開通 | |
| 昭和 6 年（1931） | 大阪上本町～宇治山田間開通 | 満洲事変勃発 |
| 昭和 9 年（1934） | 日和山エレベーター完成 | 室戸台風来襲 |
| 昭和 12 年（1937） | 鳥羽町で観光祭・港まつり開催 | 日中戦争開戦／防空法施行 |
| 昭和 14 年（1939） | 志摩郡和具村が町制施行 | アメリカが日米通商航海条約の廃棄を通告 |
| 昭和 15 年（1940） | 度会郡滝原村・五ヶ所村・北牟婁郡錦村が各々町制施行／贅沢品の製造販売禁止令により真珠養殖事業が禁止される／県道宇治山田鳥羽線竣工 | 紀元二千六百年記念祝賀行事開催／大政翼賛会発足／日独伊三国軍事同盟成立 |
| 昭和 16 年（1941） | 宇治山田市が度会郡神社町を合併 | 尋常小学校を国民学校と改称／太平洋戦争開戦 |
| 昭和 17 年（1942） | 志摩郡鳥羽町が坂手村を合併／関西急行鉄道新松阪～大神宮前間廃止 | ミッドウェー海戦／食糧管理法制定／大日本婦人会発足 |
| 昭和 18 年（1943） | 宇治山田市が度会郡大湊町・宮本村・浜郷村を合併 | 学徒出陣開始 |
| 昭和 19 年（1944） | 志摩電気鉄道・三重乗合自動車など 6 社合併で三重交通設立／朝熊山登山鉄道廃止 | 学童疎開開始／学徒勤労令、女子挺身勤労令公布／東南海地震 |
| 昭和 20 年（1945） | 宇治山田市他、県内各地で空襲の被害を受ける | 全国で空襲激化／広島、長崎に原爆投下／太平洋戦争終結 |
| 昭和 21 年（1946） | 伊勢志摩国立公園が戦後初の国立公園として指定される | 農地改革／すべての神社関係法令廃止 |

| 年代 | 伊勢志摩のできごと | 周辺地域、全国のできごと |
|---|---|---|
| 昭和 22 年 (1947) | 宇治山田市警察署発足 | 新学制実施／日本国憲法施行／地方自治法施行 |
| 昭和 24 年 (1949) | 宇治山田観光協会設立 | 日本国有鉄道、日本専売公社発足 |
| 昭和 25 年 (1950) | 国鉄山田駅改築／安乗人形芝居保存会が発足 | 朝鮮戦争勃発／千円紙幣発行／警察予備隊創設 |
| 昭和 26 年 (1951) | 志摩郡鵜方村が町制施行／御木本真珠島開場／天皇の三重県下巡幸 | サンフランシスコ平和条約、日米安全保障条約調印／警察予備隊を保安隊に改組 |
| 昭和 27 年 (1952) | 三重交通による伊勢志摩国立公園定期観光バスが運行 | |
| 昭和 28 年 (1953) | 第二次世界大戦により 4 年遅れで第 59 回神宮式年遷宮／参宮有料道路開通／第 1 回伊勢神宮奉納全国花火大会開催／台風 13 号襲来 | NHK テレビ本放送開始／町村合併促進法施行により「昭和の大合併」の実施始まる |
| 昭和 29 年 (1954) | 「昭和の大合併」により鳥羽市・志摩郡大王町・志摩町が発足／度会郡吉津村が町制施行／お伊勢大博覧会が宇治山田市で開催 | 保安隊を自衛隊に改組／第五福竜丸事件 |
| 昭和 30 年 (1955) | 「昭和の大合併」により伊勢市・度会郡南勢町・南島町・度会村・玉城町、志摩郡磯部町・阿児町が発足／鳥羽に天然水族館（鳥羽水族館）開館 | 神武景気始まる／ 55 年体制成立 |
| 昭和 31 年 (1956) | 「昭和の大合併」により度会郡大宮町が発足／度会郡玉城町が下外城田村を合併／志摩郡大王町が畔名村を合併 | 経済白書に「もはや戦後ではない」と記載される／東海道本線全線電化 |
| 昭和 32 年 (1957) | 「昭和の大合併」により度会郡紀勢町が発足／伊勢市が玉城町の一部を合併 | |
| 昭和 33 年 (1958) | 伊勢参宮博覧会開催 | 東京タワー完成／四日市コンビナート操業開始 |
| 昭和 34 年 (1959) | 志摩町観光協会設立／尾崎咢堂記念館完成／伊勢湾台風襲来 | メートル法実施／皇太子ご成婚 |
| 昭和 35 年 (1960) | チリ地震による津波で真珠養殖業に被害発生 | 日米新安保条約発効、安保闘争激化 |
| 昭和 36 年 (1961) | 三重交通神都線全線廃止 | 第二室戸台風襲来 |
| 昭和 37 年 (1962) | 私立の新制大学として皇學館大学が開学 | |
| 昭和 39 年 (1964) | 伊勢志摩スカイライン開通／伊勢湾カーフェリー開業 | 東海道新幹線開通／東京オリンピック開催 |
| 昭和 40 年 (1965) | 伊勢道路（伊勢市～磯部町間）開通 | 名阪国道開通 |
| 昭和 42 年 (1967) | 伊勢郵便局が新局舎へ移転、局舎は宇治山田郵便局として明治村へ移築保存／参宮有料道路無料開放／奥志摩フェリー就航 | 公害対策基本法公布 |
| 昭和 43 年 (1968) | 度会郡度会村が町制施行／伊勢市に三重県営総合競技場完成 | 三重テレビ発足 |
| 昭和 44 年 (1969) | 三重県伊勢庁舎建設 | 三重テレビ本放送開始／東名高速道路全線開通 |
| 昭和 45 年 (1970) | 近鉄志摩線の改軌完成、近鉄難波駅～賢島駅間直通の特急運転開始／近鉄鳥羽線全線開通／志摩マリンランド開館／新二見トンネル完成 | 日本万国博覧会（大阪万博）開催 |
| 昭和 47 年 (1972) | 鳥羽市民文化会館建設 | 札幌冬季オリンピック開催／沖縄が本土復帰 |
| 昭和 48 年 (1973) | 第 60 回神宮式年遷宮／全国高校総合体育大会が伊勢市を主会場に開催 | 第 1 次石油ショック |
| 昭和 49 年 (1974) | 集中豪雨（七夕災害） | |
| 昭和 50 年 (1975) | 第 30 回国民体育大会（みえ国体）が伊勢市を主会場に開催／国道 23 号南勢バイパス全線開通／小俣町に離宮院公園完成 | 山陽新幹線全線開通／沖縄海洋博覧会開催／ベトナム戦争終結 |
| 昭和 51 年 (1976) | パールロード全線開通／鳥羽～師崎間フェリー就航 | 天皇御在位 50 年記念式典開催 |
| 昭和 52 年 (1977) | 鳥羽市が国際観光文化都市に指定される | 気象衛星「ひまわり」打ち上げ |
| 昭和 53 年 (1978) | 大王町と志摩町を結ぶ深谷大橋が完成 | 新東京国際空港（現成田国際空港）開港／第 2 次石油ショック |
| 昭和 54 年 (1979) | 伊勢総合病院が楠部町へ移転開業 | |
| 昭和 55 年 (1980) | 三重県栽培漁業センター開設／「安乗の人形芝居」が国の重要無形民俗文化財に指定される | 日本の自動車生産台数が世界第 1 位となる／イラン・イラク戦争勃発 |
| 昭和 57 年 (1982) | 伊勢志摩総合地方卸売市場開場／第 1 回お伊勢さん健康マラソン開催 | |
| 昭和 60 年 (1985) | 伊勢道路が県道移管され無料開放 | 日本電信電話公社及び日本専売公社が民営化／プラザ合意 |
| 昭和 61 年 (1986) | 南勢広域斎場竣工 | |
| 昭和 62 年 (1987) | 複合スポーツ施設・志摩 B&G 海洋センター開設 | 国鉄分割民営化／この頃からバブル景気へ突入 |
| 昭和 63 年 (1988) | 伊勢市駅前の大鳥居撤去 | 青函トンネル開通／瀬戸大橋開通 |
| 昭和 64 年／平成元年 (1989) | 相差天王くじら祭り初開催／世界祝祭博覧会（まつり博三重）開催 | 昭和天皇崩御、平成と改元／消費税導入／ベルリンの壁崩壊 |
| 平成 5 年 (1993) | 第 61 回神宮式年遷宮／伊勢自動車道全通 | |
| 平成 6 年 (1994) | 鳥羽水族館が現在地に新築オープン／志摩スペイン村オープン | |
| 平成 7 年 (1995) | 伊勢古市参宮街道資料館開館 | 阪神・淡路大震災／地下鉄サリン事件 |
| 平成 8 年 (1996) | サニーロード全線開通 | |
| 平成 16 年 (2004) | 「平成の大合併」により志摩市が発足 | |
| 平成 17 年 (2005) | 「平成の大合併」により改めて伊勢市・度会郡南伊勢町・大紀町が発足 | 中部国際空港開港／ JR 福知山線脱線事故 |
| 平成 18 年 (2006) | 伊勢市が度会郡玉城町の一部を編入 | |
| 平成 21 年 (2009) | 国道 260 号志摩バイパス全線開通／「宇治橋渡始式」挙行／紀勢自動車道大宮大台 IC ～紀勢大内 IC 間開通 | |
| 平成 23 年 (2011) | 紀伊半島大水害 | 東日本大震災 |
| 平成 25 年 (2013) | JR 伊勢市駅前広場の整備完了／第 62 回神宮式年遷宮 | |
| 平成 28 年 (2016) | 伊勢志摩サミット（第 42 回先進国首脳会議）が志摩市の賢島で開催 | |
| 平成 31 年／令和元年 (2019) | 市立伊勢総合病院が新築開院／度会ウィンドファーム完成／第 70 回松阪肉牛共進会で大紀町生産者が 2 年連続で優秀賞 1 席獲得 | 皇太子徳仁親王が天皇に即位、令和と改元 |
| 令和 2 年 (2020) | 第 1 回伊勢ブランド認定が行われ 33 商品が認定品となる | 新型コロナウイルス感染症の世界的大流行始まる |
| 令和 3 年 (2021) | 三重とこわか国体中止 | 第 32 回オリンピック競技大会（東京 2020）開催 |
| 令和 6 年 (2024) | 第 63 回神宮式年遷宮御聴許（ごちょうきょ） | 能登半島地震／新紙幣発行 |

# 伊勢志摩の地理・交通図

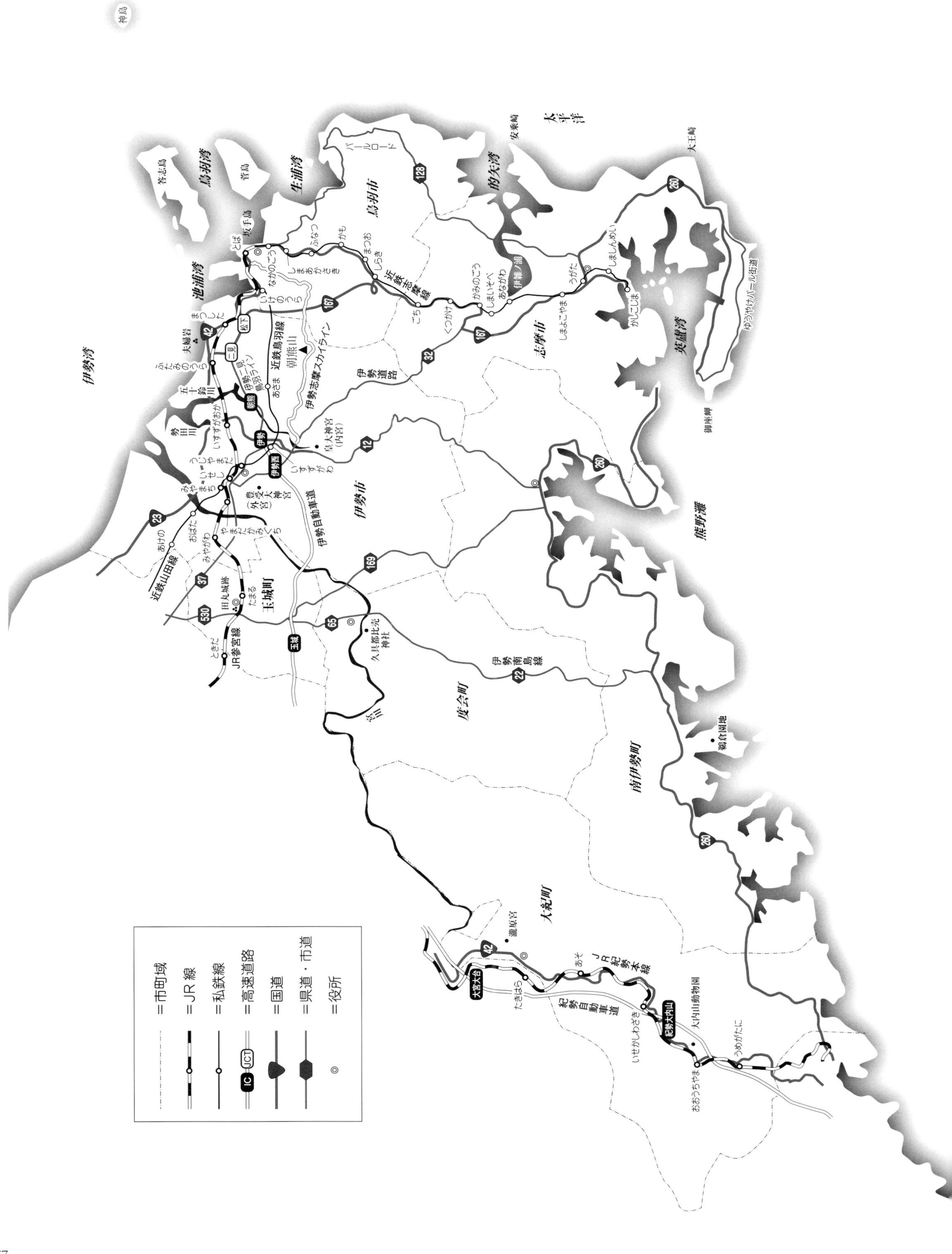

神島
伊勢湾
答志島
鳥羽湾
菅島
生浦湾
坂手島
池浦湾
太平洋
安乗崎
的矢湾
大王崎
鳥羽市
伊雑ノ浦
英虞湾
志摩市
御座岬
熊野灘
伊勢市
玉城町
度会町
南伊勢町
大紀町
パールロード
ゆうやけパール街道
近鉄鳥羽線
近鉄志摩線
近鉄山田線
JR参宮線
JR紀勢本線
伊勢志摩スカイライン
伊勢自動車道
紀勢自動車道
伊勢二見鳥羽ライン
伊勢道路
伊勢南島線
朝熊山
夫婦岩
五十鈴川
勢田川
宮川
皇大神宮(内宮)
豊受大神宮(外宮)
田丸城跡
久具都比売神社
瀧原宮
大内山動物園
＝市町域
＝JR線
＝私鉄線
IC JCT ＝高速道路
＝国道
＝県道・市道
＝役所

# 写真および資料提供者

（敬称略・順不同）

浅野修
阿竹悌一
家田繁男
生地健三
石原ふじ
石原幸子
井上五十二
井上博暁
岩本徳文
岩本貢
上西保男
上野三男
上野理詠
宇戸純子
大羽孝典
大羽弘子
大幡正義
大東牧子
大矢勝利
大矢政和
岡谷昌行
岡野勝廣
小川和美
奥井宗夫
加藤真弓
河中伸浩
小池つや子
河野英子
小岸隆
古田儀之
小林二三代

小林みつ子
小松重次
小山廣夫
齋藤喜美子
酒井広史
坂口ゆり
榊原一典
櫻田菜穂子
佐藤進一
柴原千歳
清水浩行
下村忠
白井健
鈴木文子
鈴木睦
髙木房子
田中敬一
辻村知身
寺﨑俊幸
時長和弘
豊田さと子
中井勝利
中川正
中嶋信也
中島大輔
中島徳丸
中西和夫
中村昭
中村栄希
中村純
中村美行

中村幸照
中村陽子
西尾一由
西川滿
西村日出子
西村良穂
衣川太一
野瀬周一
橋爪富春
橋本理市
濵口公一
早川繁一
林喜久郎
林ちか
林友次郎
東岡晴海
東岡安良
東谷博
樋口京
福山美鈴
藤田吾郎
藤田正美
藤原久志
舟瀬正之助
堀口裕世
前田和代
前田剛
前田敏道
牧戸和男
松井耀司
松尾臣悦

松尾敏一
松月清郎
松原正行
水﨑恒治
三宅あゆみ
溝口登志裕
八木基明
山﨑三起子
山路宗平
山出和哉
山本幸平
山本節子
山本留吉
山本雅則
吉田悦之

赤福
阿竹宗作商店
伊勢河崎商人館
一般社団法人尚友倶楽部
開福亭
河中塗装
ぎゅーとら
皇學館大学
佐藤養殖場
志摩観光ホテル
鳥羽国際ホテル
中村モータース
浜辺屋
東谷自動車
樋口履物店

ビジネスホテル山本
ブックハウス中岡
寶泉院
松井真珠店
有文堂書店

伊勢市
伊勢市教育委員会
伊勢市立図書館
山田奉行所記念館
志摩市
志摩市教育委員会
志摩市歴史民俗資料館
鳥羽市
鳥羽市教育委員会
鳥羽市立海の博物館
真珠博物館
玉城町
玉城町教育委員会
度会町
度会町教育委員会
大紀町
大紀町教育委員会
南伊勢町
南伊勢町教育委員会
愛洲の館
東宮資料保存館
みなみいせ図書室

＊このほか多くの方々から資料提供やご教示をいただきました。謹んで御礼申し上げます。

# おもな参考文献・調査

（順不同）


『伊勢市史　第四巻（近代編）』伊勢市編（伊勢市、平成二十四年）

『伊勢市史　第五巻（現代編）』伊勢市編（伊勢市、平成二十四年）

『ふるさとの思い出写真集　明治・大正・昭和　伊勢　二見　小俣』写真集伊勢編集委員会編（国書刊行会、昭和六十一年）

『目で見る　伊勢志摩の100年』辻村修一・浦谷広己監（郷土出版社、平成二年）

『図説　伊勢・志摩の歴史　下巻』伊勢・志摩の歴史刊行会編（郷土出版社、平成四年）

『保存版　伊勢・志摩の今昔』間宮忠夫・岩田貞雄・浜口主一監（郷土出版社、平成十四年）

『懐かしの写真集　伊勢の市電（山田のチンチン電車）』（勢田川出版、平成三年）

『伊勢のお木曳　町衆の心と技を伝える（別冊「伊勢人」）』伊勢文化舎編（伊勢文化舎、平成十八年）

『第15回特別展　伊勢の映画館と銀幕チラシの世界』伊勢市教育委員会（伊勢市立郷土資料館、平成十五年）

『写真でつづる御薗村史』御薗村教育委員会編（御薗村、平成一四年）

『三重交通　神都線の電車』中野本一（ネコ・パブリッシング、平成二十三年）

『20年のあゆみ』三重交通株式会社社史編纂委員会編（三重交通、昭和三十九年）

『鉄道ピクトリアル　１９６２年３月臨時増刊号（通巻128号）　私鉄車両めぐり　第２分冊』（電気車研究会、昭和三十七年）

『知られざる連合軍専用客車の全貌』中村光司（ＪＴＢパブリッシング、平成二十七年）

『阿児町史』阿児町役場編（阿児町、昭和五十二年）『志摩のあゆみ』志摩市教育委員会編（志摩市歴史民俗資料館、平成二十七年）

『鳥羽市史　下巻』鳥羽市史編さん室編（鳥羽市、平成三年）

『鳥羽・志摩の習俗　志摩人の生活事典』岩田準一（鳥羽志摩文化研究会、昭和四十四年）

『渡会町史』度会町史編さん委員会編（渡会町、昭和五十六年）

『玉城町史　下巻』玉城町編（玉城町、平成十七年）

『大宮町史　歴史編』大宮町編纂委員会編（大宮町、昭和六十二年）

『紀勢町史　記録編』紀勢町編（紀勢町、平成十三年）

『あばばいっ南伊勢　南伊勢学検定テキストブック』南伊勢学検定事業実行委員会編（南伊勢町商工会・南伊勢町教育委員会、平成二十七年）

『戦史叢書本土決戦準備１　関東の防衛』防衛庁防衛研修所戦史室（朝雲新聞社、昭和四六十年）

『三重の戦争遺跡増補改訂版』三重県歴史教育者協議会編（つむぎ出版、平成十八年）

『日本民家園収蔵目録１　旧船越の舞台』（川崎市立日本民家園、平成十五年）

『御木本真珠発明100年史』ミキモト（ミキモト、平成六年）

『真円真珠70年』（真珠新聞社、昭和五十三年四月二十日）

『漁の図鑑　伊勢湾・志摩半島・熊野灘の漁具と漁法』鳥羽市立海の博物館・財団法人東海水産科学協会編（鳥羽市立海の博物館、昭和六十三年）

『目で見る　鳥羽・志摩の海女』鳥羽市立海の博物館編（鳥羽市立海の博物館、平成二十一年）

「いにしえの伊勢」(http://inisienoise.net)

「海女操業人数の変化調査」三重大学海女研究センター・鳥羽市立海の博物館共同調査（令和五年）

聞き取り調査：真珠博物館館長・松月清郎氏（平成三十一年一月）


＊このほかに各自治体の要覧や広報誌（縮刷版を含む）、新聞・雑誌記事、住宅地図、ウェブサイトなどを参考にしました。

## 監修・執筆

櫻《さくら》井《い》治《はる》男《お》（皇學館大学名誉教授）

長《は》谷《せ》川《がわ》怜《れい》（皇學館大学文学部国史学科准教授）

## 執筆

井《い》上《のうえ》兼《けん》一《いち》（皇學館大学教育学部教育学科准教授）

扇《おぎ》野《の》耕《こう》多《た》（特定非営利活動法人松阪歴史文化舎学芸員）

﨑《さき》川《かわ》由《ゆ》美《み》子《こ》（志摩市文化財調査委員）

高《たか》見《み》彰《あき》彦《ひこ》（鉄道史愛好家）

野《の》村《むら》史《ふみ》隆《たか》（鳥羽市文化財専門委員）

畑《はた》純《とう》子《こ》（鳥羽市立海の博物館学芸員）

山《やま》田《だ》修《しゅう》司《じ》（中部大学第一高等学校教諭）



**取材**　江草三四朗（桜山社）

**編集・制作**　米山拓矢

**販売企画**　秋山宏樹

**装幀・DTP**　全並大輝

写真アルバム **伊勢志摩の100年**

**2025年3月21日　初版発行**

発 行 者　山田恭幹

発 行 所　樹林舎
〒468-0052　名古屋市天白区井口1-1504-102
TEL: 052-801-3144　FAX: 052-801-3148
http://www.jurinsha.com/

印 刷 所　株式会社太洋社

製 本 所　株式会社渋谷文泉閣





ISBN 978-4-911023-10-5 C0021

＊定価はカバーに表示してあります。

＊乱丁・落丁本はお取り替えいたします。